Epp · Ein Sommer in Alaska

Margaret A. Epp

Ein Sommer in Alaska

Christliche Verlagsanstalt Konstanz

Die amerikanische Originalausgabe erschien unter dem Titel
SEARCH DOWN THE YUKON

Aus dem Amerikanischen übertragen von Anneliese Kriegelstein, Frankfurt
Einbandentwurf und Zeichnungen stammen von Hermine F. Schäfer, Korntal

1. Auflage 1980

Satz und Druck: Max Jacob KG, Konstanz
Bindearbeiten: Christliche Verlagsanstalt GmbH, Konstanz
Printed in Germany
ISBN 3 7673 7410 2

Inhaltsverzeichnis

1. Sammy Sikorskis besonderer Tag

Er war wie vor den Kopf gestoßen. Das war alles, was Gerd Carella zuerst empfand. Er war nicht eigentlich traurig, er fühlte sich eher wie betäubt.
Zwar sagte er sich, daß es nicht wahr sei – nicht wahr sein konnte. Schließlich hatte er ja eben erst mit dem Burschen im Kampf gelegen. Wie lange war das her? Drei Stunden? Noch nicht einmal drei Stunden. Etliche blaue Flecken an seinem Körper konnten es beweisen. Sammy Sikorski war so drahtig, daß er einen glatt auf den Boden legen konnte. Auch im Laufen war er ihm überlegen gewesen, der sommersprossige Lümmel. Es hatte ihn richtig wütend gemacht. Warte nur – *das nächste Mal!* hatte Gerd sich zähneknirschend vorgenommen. *Das nächste Mal* werde ich es dir schon zeigen!
Und nun – nichts. Es gab kein nächstes Mal mehr. Nie mehr.
„Komm, iß dein Abendbrot“, mahnte die Mutter behutsam.
„Hm?“ brummte Gerd, ohne sich zu rühren. Er stand noch immer wie angewurzelt auf dem Wohnzimmerteppich und starrte vor sich hin.
„Ich habe heute nachmittag noch mit ihm gesprochen“, sagte Stefanie mit tonloser Stimme. In der Cafeteria. Er neckte mich. Darauf verstand er sich ja auch so gut.“
„Wie ist das, wenn man tot ist, Mutti?“ fragte da Brucie. „Tut es sehr weh?“
„Nein“, entgegnete Frau Carella sachlich. „Ich habe vie-

le auf der Unfallstation sterben sehen. Es ist wie – wie wenn eine Kerze ausgeht."
„Pff – und sie ist aus", meinte Lorraine träumerisch. „Aber wohin geht das Licht dann?"
„Nirgendshin, du Dummkopf!" warf Brucie ein. „Es ist aus, was sonst!"
„Nun ist's aber genug", sagte Vater Carella beschwichtigend. Er mischte sich so selten in ihre Händel, daß die erstaunten Jungen auf seine Bemerkung hin augenblicklich verstummten. „Tu lieber, was deine Mutter sagt, Gerd", schlug er dann vor. „Das Abendbrot wird sonst kalt."
„Hm?" das war alles, was Gerd abermals von sich gab. Er lief – ein wenig ratlos – im Wohnzimmer auf und ab. Von der Eßecke aus folgten ihm fünf Augenpaare und beobachteten ihn. Das machte ihn irgendwie unsicher. Schließlich blieb er vor dem Wandschrank stehen und nahm seine Jacke vom Haken.
„Wo willst du hin, Gerd? Was hast du vor?"
„Ich möchte nur eben mal raus gehen."
„Wohin, Gerd, hä? Gehst du zur Brücke, hä?" fragte der kleine Brucie schon wieder eifrig. „Meinst du, es ist noch Blut dort? Laß mich doch mit!" Er rutschte von seinem Stuhl herunter und wollte sich wie ein Hecht auf Gerd stürzen.
„Halt! Du bleibst hier, kleiner Mann", rief der Vater und ergriff seinen tatendurstigen Sohn am Kragen. „Bleib nicht zu lange aus, Junge", wandte er sich dann wieder Gerd zu.
„Nein. Nur – 'n Spaziergang", sagte Gerd unbestimmt. Er hatte tatsächlich kein besonderes Ziel im Sinn, als er

das Haus verließ. Seine Füße schienen ganz automatisch das Kommando zu übernehmen. Auf einmal stand er unter dem Licht am Fuß der Lorne-Street-Brücke.
Die Abschleppmannschaft war fort. Die neugierigen Reporter vom Fernsehen hatten sich ebenfalls verzogen. Nichts erinnerte mehr an den Unfall – außer dem Riß in der Betonmauer, der durch den Aufprall des Autos entstanden war. Ein Stoffetzen hing an einem der Bäume dicht an der Ufermauer. Und dort waren auch Flecken am Bordstein zu sehen. Öl – und Blut. Sammys Blut.
Gerd fühlte, wie alle Farbe aus seinem Gesicht wich. Er verspürte einen dumpfen Schmerz in der Herzgegend, als er sich wieder die Stimme des Nachrichtensprechers ins Gedächtnis rief.
„. . . '57 Meteor . . . Der Fahrer wurde als der siebzehnjährige Sammy Sikorski aus der Stanton-Allee 3041 identifiziert. Augenzeugen haben gesehen, wie sein Wagen plötzlich ausscherte, als ihm ein Kind in die Fahrbahn lief. Die dreijährige Sandra Evans blieb dadurch vor Verletzungen bewahrt. Der Fahrer des Wagens aber war sofort tot, sein Wagen ist total zerstört."
Sammy. Er hätte sein Leben retten können um den Preis eines anderen Lebens. Ob er noch Zeit gehabt hatte, sich dessen bewußt zu werden? Wahrscheinlich nicht. Aber selbst wenn er Zeit gehabt hätte, sich das vor Augen zu führen – es würde die Sache nicht geändert haben. Davon war Gerd überzeugt. Denn Sammy war eben Sammy.
Aber wer war denn Sammy Sikorski überhaupt?
Ein Niemand, könnte man sagen. Ein Waisenkind. Der jüngere von zwei Brüdern. Der ältere Bruder war vor

Jahren nach Alaska gegangen und galt seither als verschollen. Sammy erzählte manchmal von ihm.
„Alaska! Da werde ich auch einmal hingehen. Um Dick zu suchen. Aber zuerst muß ich die Schule abschließen, und dann studiere ich Medizin . . ."
„Ach nee! und wer wird diese Kleinigkeit bezahlen? Vergiß nicht: ich bin derjenige, der das Stipendium kriegen wird!"
So lagen sie sich dauernd in den Haaren. Rivalen. Freunde.
Jedermann an ihrer Schule – und sie zählte mehr als tausend Schüler – hatte um diese Rivalität gewußt. Nur der Beste – und zwar sowohl in den Studienfächern als auch im Sport – würde dieses Stipendium bekommen. Nur ein einziger konnte es haben!
Schon von Anfang des Schuljahres an hatte es festgestanden, daß es einem von ihnen beiden zufallen würde. Sie waren die Besten; und sie lagen in ihren Leistungen ganz dicht beieinander.
Wenn zum Beispiel in der einen Woche Gerd im Englischen etwas besser war, dann konnte man sicher sein, daß ihn der Junge mit dem klugen sommersprossigen Gesicht die Woche darauf in Mathematik überrundete. Wenn Sammy im Laufen die Spitze führte, gewann Gerd das nächste Mal einen entscheidenden Vorsprung im Basketball-Spiel. Ebenso schwang das Siegespendel auf der Ringmatte zwischen ihnen hin und her.
Diesmal war es Sammys besonderer Tag gewesen. Alle Jungen waren sich darin einig. Denn nicht weniger als dreimal hatte Sammy den Sieg über ihn davongetragen.
Ja – dreimal.

„Es ist, wie wenn eine Kerze ausgeht. Pff – und es ist aus!“ Sich das von Sammy vorzustellen, fiel schwer. Auf ihn paßte das irgendwie nicht. Als Gerd sich jetzt von der Unfallstelle abwandte und zum Gehen anschickte, war es ihm, als höre er das Echo von Sammys unterdrücktem Kichern – so wie er es von ihm gewohnt war, wenn er still in sich hineinlachte. Der verrückte Gedanke durchzuckte sein Hirn, daß irgend jemand dem unbezähmbaren Sammy würde klarmachen müssen, daß es jetzt mit ihm aus war, daß es einfach weiter nichts mehr gab. Es würde freilich schwer halten, ihn zu überzeugen.

Gerd wußte darin natürlich besser Bescheid. Denn er hatte – was heute nur noch wenige zu haben schienen – sehr aufgeklärte Eltern. Sie waren Humanisten durch und durch. Und sie hatten ihn gelehrt, daß die schlimmste Art des Selbstbetrugs diejenige war, an fromme Märchen zu glauben. Man ist, so wie man ist, sich selbst verantwortlich. Und man ist es sich schuldig, so zu leben, daß man Achtung vor sich selbst haben kann – oder niemand würde einen respektieren. Es hatte keinen Sinn, seine Fehler und Irrtümer Gott in die Schuhe schieben zu wollen. Denn einen solchen Gott gab es nicht. Gerd Carella war Gerd Carella, nicht weniger, nicht mehr. Und wenn er einmal sterben würde – und bis zu diesem Tag war er der festen Überzeugung gewesen, daß das noch in weiter Ferne lag – wenn er also einmal sterben mußte, dann würde das sein wirkliches Ende sein – es wäre denn, er hätte irgend etwas geleistet, das ihn „unsterblich“ machte. Daß man sich an ihn erinnerte, wenn er schon gestorben war – das war Unsterblichkeit.

Wirklich unangenehm, daß Sammy Sikorski keine Gele-

genheit gehabt hatte, sein Ziel zu erreichen, bevor sein Lebenslicht erlosch.
Aber – so ging es Gerd nun durch den Kopf – Sammy glaubte doch, dieses Leben sei lediglich ein Anfang – eine Art Vorraum, von dem aus sich lange Korridore erstreckten, die in die Ewigkeit mündeten. So ungefähr. Ewiges Leben nannte er es!
„O nein, nicht für jedermann, Gerd“, hatte er auf seine ruhig-ernste Art gesagt. „Ewiges Sein, ja. Ewiges Leben aber wird einem nicht aufgezwungen. Keine Bange. Das Wort Gottes sagt . . .“
„Das Wort von wem?“ hatte Gerd ihn da unterbrochen. Sein Lächeln war unverkennbar ironisch.
Sammy störte das nicht. Er war in seinem Glauben, den er irgendwo in seinem wirren Leben aufgelesen hatte, so felsenfest, daß ihm ein bißchen Ironie nichts ausmachte.
„Das Wort Gottes, Gerd. Es sagt, der sündige Zustand des Menschen ging Gott so nahe und er liebte die Menschen so sehr, daß er seinen Sohn, Jesus Christus, sandte, damit er für unsere Sünden stürbe. Und nun hat jeder, der an Jesus glaubt, ewiges Leben. Aber eben nur diese.“
In Gedanken versunken, schlug sich Gerd jetzt durch ganze Schwärme von umherstreifenden Schaufensterbummlern, die wahrscheinlich ausgegangen waren, um das warme Frühjahrswetter zu genießen. Die milde Luft und das Geplauder der Vorübergehenden bewirkten, daß er sich wie ein Fremder vorkam.
Dann hörte er seinen Namen rufen. Ein Wagen glitt an ihn heran und hielt neben ihm. Eine Tür öffnete sich. Der Fahrer war Gordon Thurston, sein Mathematiklehrer.

„Du bist genau der, den ich gerade brauche, Gerd", sagte er. „Steig ein!"

Und so kam es, daß Gerd in eine unangenehme Sache hineingezogen wurde, die man „Formalitäten erledigen" nennt.

Natürlich hatte sich jemand um diese Dinge zu kümmern, das war ihm klar. Bei einem Unfall gab es zudem – abgesehen von der Aufregung, die gewöhnlich damit verbunden war – noch manche zusätzlichen Dinge zu bedenken. Denn selbstredend war zumeist keine oder weniger Vorsorge für den Tod getroffen worden, als es bei einer Erkrankung der Fall ist. Die Shields, Sammys Pflegeeltern, hatten die Lebensmitte bereits überschritten; sie waren weit davon entfernt, reich zu sein, auch waren sie nicht besonders kräftig. Es wurde also dringend jemand gebraucht, und zwar sofort, der einige von Sammys Sachen holte und zur Leichenhalle brachte. Ob Gerd das wohl tun möchte? Herr Thurston wollte ihn bei den Shields absetzen und von da aus den Pastor von Sammys Gemeinde aufsuchen.

Gerd stand zuerst eine Weile zögernd da, ehe er bei den Shields auf die Klingel drückte. Am liebsten hätte er auch jetzt noch Reißaus genommen. Erst vor einer Woche hatte er an derselben Stelle gestanden. Mit Sammy. Er kämpfte gegen eine Welle von Unbehagen an. Doch da öffnete sich die Tür, und Frau Shield forderte ihn mit ihrer leisen Stimme auf, einzutreten.

Dieselbe Halle. Das gleiche dämmrige Wohnzimmer. Dieselbe abgetretene alte Treppe, die zu Sammys Zimmer hinaufführte. Noch vor wenigen Stunden hatten diese Stufen wohl unter Sammys Tritten geknarrt.

„Immer zwei Stufen auf einmal, das war so seine Art. Und meist pfiff er dabei", sagte leise Frau Shield, deren Gesicht in der Dämmerung fahl schimmerte. „Ich richtete gerade sein Abendbrot – an den Nachmittagen, an denen er für den Kaufmann an der Ecke Lebensmittel ausfuhr, kam er immer etwas später und aß dann allein für sich in seinem Zimmer –, als der Sheriff mir die entsetzliche Meldung überbrachte, daß unser Sammy nie wieder zum Abendessen kommen werde . . . Frau Shield begann zu weinen, und es brauchte einige Zeit, ehe sie sich wieder so weit gefaßt hatte, daß sie Gerd nach dem Grunde seines Kommens fragen konnte. Nachdem er ihr erklärt hatte, womit ihn sein Mathematiklehrer beauftragt hatte, ging sie mit ihm in Sammys Zimmer.

Die Bücher, die Sammy nach dem Schulunterricht abgelegt hatte, lagen sorgfältig übereinandergestapelt auf dem Tisch, und seine Anzüge und sonstigen Kleidungsstücke waren, sorgfältig auf Kleiderbügel gehängt, im Schrank versorgt. Fotos von Alaska, mit Reißnägeln an der Wand befestigt, waren Ausdruck dafür, daß er seinen verschollenen Bruder dort vermutete. Gerd hatte besonders der Mount McKinley, Alaskas höchster Berg, beeindruckt, als er das letztemal mit Sammy in dessen Zimmer gewesen war.

„Ich könnte mir denken", brach Frau Shields schwache Stimme in Gerds Gedanken ein, „daß er es gerne sähe, wenn du seine Bibel bekommst. Wir haben sie ihm zu Weihnachten geschenkt. Er hat immer viel von dir gehalten."

Sammys in Leder gebundene Bibel nahm sich in Gerds Händen etwas seltsam aus. Er wollte sie schon zurück-

geben, als ihm klar wurde, wie sehr er Frau Shield kränken würde, wenn er das Opfer zurückwies, das Frau Shield brachte, indem sie ihm diese Bibel zum Geschenk machte. Diese Frau, die selbst keine Kinder gehabt hatte, war ihrem Pflegesohn in aufrichtiger Liebe zugetan gewesen, das wußte er. So brachte er ein kurzes Dankeswort hervor.
Glücklicherweise erschien eben in diesem Augenblick Herr Thurston, um sich nach ihm und seinen Wünschen zu erkundigen und erlöste ihn weiterer Erörterungen darüber, was er mit dem Geschenk anfangen werde.

„Na also, da bist du ja wieder", bemerkte Vater Carella fünfzehn Minuten später. Der gewöhnlich so schweigsame Mann gab sich die größte Mühe, an diesem Abend gesprächig zu sein. „Es sieht ganz so aus, als wollte dieses Frühjahrswetter eine Weile anhalten. Der Spaziergang wird dir sicher gutgetan haben, denke ich. Bist du zufällig auch an dem neuen Wohnhaus von State und Hiawatha vorbeigekommen? Nein? Es geht erstaunlich zügig damit voran."
Es lag in der entgegengesetzten Richtung als der Unfallort!
Gerds Mutter schaltete sich ein: „Ich habe das Abendbrot warmgestellt. Du wirst jetzt bestimmt hungrig sein."
Dann nahm ihre Stimme einen sonderbaren Klang an: „Was hast du denn da mitgebracht!"
„Sammys Bibel. Frau Shield meinte, es wäre bestimmt Sammys Wunsch gewesen, daß ich sie haben sollte." Er sprach ein wenig mürrisch, fast herausfordernd. Wenn seine Mutter unbedingt eine große Sache daraus machen

wollte ... Aber sie seufzte nur, zuckte mit den Achseln und ließ den Gesprächsgegenstand wieder fallen.
Nun blieb noch das Begräbnis!
Gerd hatte, soweit er zurückdenken konnte, noch nie in seinem Leben eine religiöse Veranstaltung oder auch nur einen Gottesdienst besucht. Und seine Mutter war der Meinung, daß von allen Feiern die für die Toten gehaltenen am überflüssigsten seien, weil sie stets nur ein idealisiertes Bild des Lebens der Verstorbenen widerspiegeln. Aber sie verbot ihm und Stefanie nicht, hinzugehen.
Sammys Begräbnis war tatsächlich, wie sich herausstellen sollte, höchst feierlich. Die Schule hatte einen halben Tag frei gegeben, damit sowohl die Schüler als auch die gesamte Lehrerschaft an dem Begräbnis teilnehmen konnten. Wegen der ungewöhnlich großen Teilnehmerzahl wurde die Trauerfeier in die Schulturnhalle verlegt. Gerd aber, der sich schon überlegt hatte, wie er sich unauffällig davonstehlen könnte, ohne vermißt zu werden, sah sich plötzlich als Sargträger eingefangen. Das bedeutete, daß er neben den Shields sitzen mußte. Auch die Familie Evans befand sich in dieser Reihe; zwischen den Eltern saß die kleine Sandra, die dank Sammy noch am Leben war.
Die große Turnhalle hatte heute ein ganz fremdartiges Aussehen. An dem Platz, wo er und Sammy vor kurzem miteinander gerungen hatten, stand jetzt der Sarg. Genau dort. Blumen waren aufgetürmt, Orgelmusik schwang im Raum, und der Chor sang: „Der Herr ist mein getreuer Hirt." Obgleich der Schulchor an geistliche Musik nicht eigentlich gewöhnt war, erklang das

Lied in wundersam feierlichem Ernst. Daß der Tenor manchmal etwas unsicher wirkte, nahm niemand wunder. Denn der Haupttenor fehlte ja nun. Dort in der Mitte, direkt vor dem Mikrofon, war sonst Sammys Platz gewesen.

Dann ergriff der Pastor das Wort. Die Ansprache – man konnte das Ganze nicht Predigt nennen – war einfach, ohne Umschweife und dennoch würdevoll. Wenn irgend etwas, dann war es das, was nicht hinpaßte. Was er sagte, brannte sich einem jedoch ins Gedächtnis. Keiner der Anwesenden würde es jemals vergessen können.

Reihe an Reihe saßen Sammys Schulkameraden da. Obschon gewiß mehr als tausend Schüler aller Altersstufen die Halle füllten, konnte man dennoch das Rascheln hören, wenn der Geistliche ein Manuskriptblatt umblätterte.

Wohl keiner hatte etwas an dem auszusetzen, was Sammys Pastor über ihren Schulkameraden sagte. Sammy habe mit seinen siebzehn Jahren ein erfüllteres Leben gehabt als manch einer, der es auf achtzig oder mehr Jahre bringe. Sammy habe in des Wortes Bedeutung *gelebt.* Eifrig, freundschaftlich, hilfsbereit, als ein echter Christ! Wüßten sie denn überhaupt, was das heiße? Ja, Sammy habe sein Leben für ein anderes Menschenkind hergegeben, damit dieses weiter leben könne.

Warum sei Sammys Leben, obwohl nur von kurzer Dauer, ein abgeschlossenes, volles Christenmenschenleben gewesen? Weil es auf die Nachfolge Christi gegründet gewesen sei.

Schon in seiner frühen Jugend hätte Sammy für sich die

Frage entschieden, wem sein Leben gehören solle. Und die Antwort habe „Christus!“ gelautet. Sammys Leben sei nicht plötzlich abgebrochen worden, wie es vielleicht für manchen den Anschein habe. Nein, das brauche niemand zu denken. In Gottes Himmelreich sei er heute genauso triumphierend lebendig, wie er auf Erden immer gewesen war. So etwa drückte der Prediger aus, was er als eine Antwort auf die vielen unausgesprochenen Fragen zu sagen wußte. Gleich darauf geschah etwas Überraschendes. Sammys Stimme erklang auf einmal von irgendwoher und füllte den Raum. Den Sonntag vor seinem Unfall hatte Sammmy ein Solo in der Kirche gesungen. Nur einige wenige hatten bemerkt, daß der Pastor dabei das Tonbandgerät eingeschaltet hatte. Jetzt hielten sie den Atem an und lauschten.

> „Seit der Jugend ersten Jahren hast du treulich mich geführt. O wie oft hab ich erfahren, wie dein Vaterherz gerührt Hilfe mir und Rettung sandte, wenn mein Flehn zu dir sich wandte! Deiner Führung folg ich still; wie du willst, nicht wie ich will.“

Selbst die Lehrer waren sichtlich bewegt. Einige Mädchen schluchzten leise. Gerds Kehle war wie zugeschnürt. Sammys Stimme! Es hörte sich genauso an, als stünde er mitten unter ihnen.
Doch sein lebloser Körper lag dort in jenem Sarg. – Die Stimme aber fuhr fort:

> „Führe mich, Herr, wie du denkest, daß ich vor dir wandeln soll! Wenn nur du mein Schicksal lenkest, o

so gehts mir ewig wohl. Steh ich nur bei dir in Gnaden, welcher Feind kann dann mir schaden? Deiner Führung folg ich still; wie du willst, nicht wie ich will."

Der letzte Ton war verklungen. Der Pastor stand über sein Pult gebeugt, auf seinen Wangen glänzten Tränen.
„Dieses Lied hat Sammy am vergangenen Sonntag für uns gesungen. Weder wir, noch er selbst hat geahnt, daß es seine letzten Worte an uns sein würden – ja, an uns alle. Denkt ihr etwa, Christus habe Sammy am Donnerstag um 18.38 Uhr im Stich gelassen? O nein! Sammy könnte es euch heute bestätigen. Er ist in die Gegenwart dessen gerufen worden, der gesagt hat: 'Ich will dich nicht verlassen, noch versäumen.' "
Gerd starrte auf den ganz mit Blumen bedeckten Sarg. Dieser Ausspruch hatte Sammy ja mächtig viel genützt, dachte er bitter.

2. Das Erbe

Nachdem alles vorüber war, gingen Gerd und seine Schwester nachdenklich und ohne ein Wort zu sprechen nach Hause. Stefanies Gesicht zeigte Tränenspuren. Das hielt Brucie jedoch keineswegs davon ab, sich mit Fragen über das Begräbnis auf sie zu stürzen. Zu Gerds Erleichterung unterbrach die Mutter aber seine Fragerei.

In gewisser Hinsicht waren sie doch eine recht merkwürdige Familie, ging es Gerd durch den Kopf. Auf der einen Seite brauchten sie einander; einer war auf den anderen angewiesen. Andererseits aber schien jeder für sich allein zu stehen. Am meisten traf das wohl auf Stefanie zu. Sie war überhaupt ein rätselhaftes Wesen. Verschlossen. Dabei sehr hübsch, so wollte es ihm jedenfalls scheinen, und zwar auf eine verspielte, reizvolle Art. Das blonde Haar hing ihr meist über die Augen (man nannte das Ponyfrisur), und verbarg einen Teil ihres Gesichts. Was hinter den verschleierten Augen vor sich ging, mochte jeder selbst erraten. Lorraine mit ihren acht Jahren schien noch verträumter als Steffi, war jedoch nicht ganz so verschlossen. Bis jetzt. Brucie mit seiner struppigen Mähne bildete das gerade Gegenteil zu ihnen. Er war ein richtiger kleiner Flegel. Manchmal konnte einem seine hartnäckige Anhänglichkeit direkt auf die Nerven gehen. Und seine Heldenverehrung! Wer hat es schon gern, wenn sich ihm die ganze Zeit ein Neunjähriger an die Fersen heftet?

In seiner niedergeschlagenen Stimmung entging es Gerd

vollkommen, und zwar nicht nur an diesem, sondern auch an den folgenden Tagen, daß sein Vater irgendwie bedrückt wirkte. Was hingegen jedermann auffiel, war, daß ihre Mutter neuerdings einen ungewöhnlich scharfen Ton an den Tag legte.

Vielleicht war es angebracht. Was ihn selbst betraf, so gestand Gerd sich ein, daß das Leben mit einemmal fast unerträglich fade geworden war. Es entbehrte des anstachelnden Moments der Rivalität. Er vermißte seinen Freund Sammy mehr als er je geglaubt hätte, jemanden vermissen zu können. Nichts schien ihm mehr der Mühe wert zu sein. Zu Hause ließ er den Kopf hängen. In der Schule schlich er wie ein begossener Pudel umher. Meist blickte er verdrießlich in die Gegend. Seine Lehrer versuchten ihn auf alle mögliche Weise aufzumuntern, indem sie ihn das eine Mal anspornten, das andere Mal abkanzelten und ihm schließlich drohten. Mit seinen Noten ging es merklich bergab.

Mutter Carella entging dies alles nicht. Wo war denn nun sein Stolz, seine Selbstachtung, seine Unternehmungslust und der frühere Ehrgeiz? Wenn er schon diese einmalige Chance hatte, seinen Lebensunterhalt für vier Jahre sicherzustellen, ganz zu schweigen von der soliden Ausbildung fürs Leben, die er haben konnte – wollte er sie denn unbedingt verschenken? Hatte er vor, seine Eltern weiter allein für ihn sorgen zu lassen? Oder gedachte er, zeitlebens ein Fürsorgeempfänger zu bleiben ...? So beklagte sich Mutter Carella bei ihrem Mann über Gerds Interessenlosigkeit und Inaktivität. Dieser gab trocken zurück: „Einer, der es zu nichts bringt, wie sein Vater?“

„Ach, Tony, ich meinte doch nicht dich!"
„Nein?"
„Nein! Du sollst mir nicht etwas unterschieben, was ich gar nicht sagte, Tony! Ein für allemal: Gerd hat die Chance seines Lebens. Du hast nie eine gehabt. Aber er läßt sozusagen die Perlen auf der Straße liegen, um Jagd auf Kieselsteine zu machen."
Gerd hörte alles mit und wußte nicht recht, ob er sich darüber ärgern oder gleichgültig zeigen sollte. Sein Vater nahm ihm die Entscheidung ab, als er in das Schweigen hinein, das Mutters Ausbruch folgte, fragte: „Gerd, was hältst du davon, wenn wir beide ein wenig an die frische Luft gingen?"
Dies sah nach einem wohlüberlegten Fluchtversuch aus. Gerd merkte wohl, daß es seiner Mutter nicht recht war, wenn sie sich auf diese Weise aus der Schlinge zogen. Trotzdem nahm er die ungewöhnliche Einladung erleichtert an, um ihrem Ärger aus dem Weg zu gehen. Möglich, daß seine Mutter mit all dem, was sie vorbrachte, wirklich recht hatte. Nichtsdestoweniger ärgerte es ihn. Besonders unangenehm berührte ihn die Äußerung, daß seine Chance jetzt besser sei als je zuvor. Natürlich stimmte es – vielmehr, es würde stimmen, wenn – nun, wenn dieses Leben überhaupt noch wert wäre, daß man einen Finger dafür krümmte.
Vater und Sohn wanderten zunächst schweigsam nebeneinander her; sie wechselten in der ersten halben Stunde kaum ein Wort. Dann bemerkte Gerd, daß sein Vater zielbewußt auf den Park zustrebte, der an den See angrenzte. Als sie ihn erreicht hatten, steuerte er auf eine verwitterte Bank zu.

Der Strand war verlassen. Es war noch früh im Jahr, und ein scharfer Wind blies. Möwen flatterten umher. Die Wellen klatschten ans Ufer und rollten ihnen bis fast vor die Füße. Die ganze Umgebung wirkte trostlos. Gerd wurde jedoch gleichwohl eine freudige Erregung an seinem Vater gewahr, die ihn überraschte. Nach einigen mißglückten Redeanläufen und beträchtlichem Pfeifenpaffen fing er endlich zu sprechen an."
„Ich habe augenblicklich eine harte Nuß zu knacken. Schon ein paar Wochen kaue ich daran herum. Möglicherweise hast du gar nichts davon gemerkt. Ich weiß ja, daß du an deinem eigenen Kummer nachgerade genug zu tragen hast. Da – sieh dir das an.
Er zog ein zusammengefaltetes Zeitungsblatt aus der Tasche und breitete es auseinander. Dann zeigte er auf einen kurzen Artikel im Nachrichtenteil. Die Paragonwerke waren von einer großen Firma im Osten aufgekauft worden, stand da. Die ganze Fabrik sollte umfassenden Veränderungen unterzogen werden. Die Maschinen würden überholt oder durch neue, moderne ersetzt werden. Die Paragonwerke – das war die Firma, bei der sein Vater seit siebzehn Jahren oder noch länger arbeitete. Ob die „umfassenden Veränderungen" auch das Auskehren der älteren Jahrgänge einschlossen?
Das leicht ergraute Haupt neben Gerd nickte zur Antwort auf seine fragend erhobenen Augenbrauen.
„Es kommt ganz darauf an. Aber höchstwahrscheinlich wird es eine Menge Entlassungen geben."
„Weiß Mutti es schon?"
„'türlich. Mußte es ihr doch sagen."
Also hatten sie auch diese Sorge noch gehabt, schoß

es Gerd durch den Kopf. Und er, der die beste Chance hatte, es ihnen leichter zu machen, indem er für sein Studium selbst aufkam, hatte diese Chance vielleicht schon vertan – möglicherweise für immer. Kein Wunder, daß Mutter ihn herunterputzte!

Von Gewissensbissen geplagt, starrte er eine Zeitlang in das ruhelose Wasser. Er hätte sich ohrfeigen können!

Als er dann aber den Kopf wandte und seinen Vater ansah, bemerkte er, daß ein heimliches Grinsen dessen magere Wangen verzog. Unter Gerds verdutztem Blick vertiefte es sich noch. Das linke Auge blinzelte ihm schalkhaft zu.

„Ich hab' noch etwas, was ich dir zeigen möchte. Davon weiß deine Mutter aber nichts. Es kam erst gestern mit der Post. Kannst du dich an Onkel Louis erinnern? Wir sprachen manchmal von ihm."

„Ach, der Geizhals – meinst du den?"

Herr Carella nickte wehmütig. „In Gedanken habe ich ihn auch meistens so genannt. Aber lies das hier mal – und dann sag mir, was du davon hältst."

Es war ein amtlich aussehender Brief, dessen Firmenkopf eine Rechtsanwaltsadresse zeigte. In gemessenen Worten wurde darin mitgeteilt, daß Louis Carella aus New York, der ohne direkten Erben gestorben war, sein Geschäft – eine Gemischtwarenhandlung – Tony Carella vermachte. Sie hätten einen Klienten, dem sehr daran gelegen sei, das Geschäft zu kaufen oder als Partner einzutreten. Man begehre zu wissen, was unternommen werden sollte.

„Irgendwie seltsam, daß das gerade jetzt passiert", bemerkte Gerd nachdenklich.

„Du meinst, daß diese beiden Umstände jetzt ausgerechnet zusammentreffen? Ja, es will einem fast so vorkommen, als stecke da ein Plan dahinter." Er schüttelte den Kopf. „Einer von diesen komischen Zufällen, die einem manchmal zu Ohren kommen. Kann mir gar nicht denken, warum Ferd den Laden nicht gekriegt hat. Wird doch nicht etwa auch gestorben sein! Habe jedenfalls nie was davon gehört. Die Frage ist nun: Was sollen wir machen? Nach New York ziehen? Deine Mutter mag große Städte nicht. Und ich als Lebensmittelhändler – unmögliche Vorstellung! Nun, ich habe gedacht, daß du es immerhin wissen solltest. Bin ganz und gar nicht sicher, ob ich diesen Kram erlernen möchte. Also – was werden wir wohl machen?"

Ein faszinierender Gedanke zuckte Gerd durch den Kopf.

„Verkaufen – und dann nach Alaska gehen!" stieß er erregt hervor. Alaska! Das Wort hatte beinahe magische Gewalt. Es jagte einem das Blut schneller durch die Adern. Wenige würden vermutet haben, daß dem ruhigen Herrn Carella bei der Erwähnung dieses Namens das Herz höher schlagen könnte. Aber es war tatsächlich so. Da saß er – mit leuchtenden Augen, und die Hände zitterten sogar ein wenig.

„Natürlich müssen wir bedenken", wandte er ein, „daß wir noch nicht wissen, wie groß das Erbe ist. Angenommen, es bringt nur einige hundert oder so . . ."

„Aber Vater – ein Geschäft! Es hat doch zumindest einen Warenbestand, der verkauft werden kann."

„Alaska! Wie kommst du gerade darauf?"

Gerd konnte sehen, wie der Gedanke in seines Vaters

Vorstellung Gestalt annahm, ja, wie er von ihm Besitz ergriff. Kaum daß er es erwarten konnte, der übrigen Familie die Neuigkeit mitzuteilen! Gerd durchschaute jetzt die ganze Sache. Sein Vater hatte diesen Spaziergang, der ihm schon gleich merkwürdig vorgekommen war, eigens seinetwegen gemacht, um zuallererst ihm das Geheimnis von Onkel Louis' Erbe anzuvertrauen und ihn dadurch wohl auch aus seiner Niedergeschlagenheit herauszureißen. Es berührte ihn sonderbar, als ihm das aufging. Der Heimweg gestaltete sich bedeutend lebhafter, als es der Hinweg gewesen war.
Sie kamen zu spät zum Abendessen. Und Frau Carella war verstimmt, so daß sie den Bericht über die Sache mit Onkel Louis' Erbe und Alaskapläne noch etwas hinausschieben mußten. Und sie schimpfte laut vor sich hin, während sie das Nachtessen für sie richtete:
„Wo habt ihr bloß so lange gesteckt? Was für eine komische Idee war das wieder: das Nachhausegehen zu vergessen! Es wird allmählich Zeit, daß ihr euch auf Zusammenarbeit besinnt. Schlimm genug, daß ich sozusagen mit der einen Hand den ganzen Haushalt zu bewältigen habe und mit der anderen auch noch eine Ganztagsbeschäftigung annehmen mußte! Schlimm genug, daß ich wahrscheinlich demnächst die einzige Verdienerin sein werde – in einer Familie von sechs Köpfen. Alles was ihr Faulenzer überhaupt noch zu tun habt, ist, pünktlich zu den Mahlzeiten zu erscheinen. Oder ist etwa auch das noch zuviel verlangt?"
Der Gedanke an Alaska war kühl und einladend, aber er mußte wohl oder übel noch für ein paar heiße, windige Minuten in der Luft hängen bleiben. Herr Carella nahm

seine höchstpersönliche Rache. Er strich sein Messer umständlich an einem Stück Brot ab, setzte sein traurigstes Gesicht auf, stieß einen tiefen Seufzer aus und brummelte in trübseligem Ton etwas von bevorstehenden allgemeinen Entlassungen vor sich hin. War es denn etwa seine Schuld, wenn er seine Stellung verlor? Hatte er nicht beinahe bis zur Bewußtlosigkeit Zement gestampft? Er hatte eben kein Glück. Ja, so war es! Dabei gab er Gerd heimlich ein warnendes Zeichen.

Das Abendbrot bestand für die Nachzügler aus kalten Pfannkuchen, aufgewärmten Bratwürstchen und welkem Salat. Aber Gerd aß trotzdem wie ein Scheunendrescher. Er schien plötzlich wieder neu entdeckt zu haben, wozu der Appetit eigentlich da war. Doch eben das ließ seine Mutter mit einemmal Verdacht schöpfen.

„Na schön“, unterbrach sie das Gemurmel ihres Mannes gerade dort, wo es anfing, von Selbstmitleid zu triefen. „Und was habt ihr beiden sonst noch in petto?“

Mit einem verschmitzten Grinsen zog der Vater endlich den Brief aus der Tasche. Gleich darauf bildeten die sechs Carellas ein dicht zusammengedrängtes Knäuel von Armen und Beinen und Köpfen. Aufgeregt schwirrten die Stimmen durcheinander. „Alaska!“

„Aber wieso seid ihr denn ausgerechnet auf Alaska verfallen?“

Der Herr des Hauses richtete sich zu seiner vollen Größe auf. Mit lebhafter Geste strich er sich über sein spärliches Haar.

„Weil dort die Maschine noch nicht das Land unterjocht hat. Ein Mann ist dort wirklich noch ein Mann. Und es ist genug Raum da zum Ausbreiten.“

Gerd fühlte insgeheim eine bohrende Unruhe. Was dann, wenn die Sache vor ihren Augen in nichts zerrann? Wenn sich das famose Erbe als eine Seifenblase erwies? Und was am schwersten wog: Vater riskierte das alles auf seine (Gerds) Eingebung hin. Wenn er nun verlor? Die Verantwortung ging zu seinen (Gerds) Lasten. Schließlich war es seine Idee gewesen. Blitzartig durchzuckte ihn die Erkenntnis, woher ihm die Idee mit Alaska gekommen war: er folgte noch immer, wohin Sammy Sikorski ihn führte! Eine gefährliche Sache. Ja, wahrscheinlich noch schlimmer als das. Doch nun schienen die Dinge bereits seinen Händen entglitten zu sein. Sein Vater hatte schon alles in die Hand genommen. –

Herr Carella wartete nicht erst ab, bis man ihn entließ. Er quittierte seinerseits seinen Job. Dabei fühlte er sich keineswegs beunruhigt, sondern eher freier denn ehedem. Am nächsten Morgen sah ihm die Familie nach, wie er sich auf den Weg nach New York machte – mit einem Greyhound-Bus. Dann richteten sie sich aufs Warten ein und wappneten sich mit Geduld, so gut sie konnten, während sie dem Ergebnis dieser Reise entgegenfieberten.

Gerd nahm mit Erstaunen wahr, daß es ihn nun fast wieder mit der früheren Lust zur Schule zog. Eine eiserne Entschlossenheit kam über ihn, seine Noten auf ihren ehemaligen Stand zu bringen – wenn es dazu nicht zu spät war! Wenn er seine Chancen nicht schon verplempert hatte!

Zu Hause konnte man Frau Carella jammern hören. Sie gab ihrer Besorgnis laut Ausdruck. Diesmal jedoch nicht über Gerd. Nein, sondern über ihren Mann. Als Tag um Tag verstrich, ohne daß irgendeine Nachricht von ihm eintraf, befürchtete sie, daß ihm etwas zugestoßen sein müsse. Oder war er vielleicht krank geworden? Ach, und überhaupt! Was wußte er schon von dem Gedränge und Gehetze der Großstädte? Noch dazu New York! Und würde er wissen, wie man mit solchen spitzfindigen Großstadtadvokaten umzugehen hatte? Auch ging ihm doch jegliche Erfahrung ab, wie man ein solches Geschäft mit der dazugehörigen Einrichtung und den vorhandenen Warenbeständen schätzte. Ihres Wissens hatte er nicht die geringste Ahnung davon. Warum war sie bloß nicht mit ihm gefahren?

Endlich – an einem Abend im April – kam Vater Carella seelenruhig zur Tür hereinspaziert. Die Familie saß gerade beim Abendessen. Fünf Augenpaare hefteten sich auf sein Gesicht. Es sah gelassen und heiter aus.

Im nächsten Augenblick prasselten viele Fragen auf ihn nieder.

Für wieviel hatte er den Laden verkauft?

Er hatte ihn gar nicht verkauft.

Nicht verkauft? Weshalb nicht? Lohnte es sich wohl nicht, ihn zu verkaufen? In Frau Carellas Stimme schwang ein etwas unsicherer Ton mit.

„Dann hast du überhaupt kein Geld gekriegt?" jammerte Lorraine.

Würden sie wohl jetzt gar nicht nach Alaska gehen?

„Immer schön der Reihe nach." Tony Carella machte es sichtlich Spaß, einmal so im Mittelpunkt des Interesses zu stehen. „Könnte ich nicht zuerst einen Bissen zu mir nehmen! Ich hab' nichts mehr gegessen seit – laßt mich mal überlegen – na, seit ungefähr acht Stunden, schätze ich."

So nach und nach packte Vater Carella dann aber doch seine Neuigkeiten aus. Das Geschäft hatte er deswegen nicht verkauft, weil sich herausstellte, daß sein Vetter Ferdinand – entgegen seiner Annahme – noch am Leben war. Er schien aber recht unglücklich zu sein. Bis vor kurzem hatte Onkel Louis nämlich vorgehabt, das Geschäft ihm zu vermachen, war er doch ohnehin jahrelang der Geschäftsführer gewesen. Doch dann hatten sie miteinander Streit gehabt – wegen irgendeiner Kleinigkeit – und Onkel Louis änderte nicht nur seinen Sinn, sondern auch gleich das Testament. Kurz darauf starb er. Und so saß Vetter Ferd mit einemmal auf dem trockenen.
„Das soll doch nicht etwa heißen, daß du dein Erbe verschenkt hast?" Frau Carella schnappte förmlich nach Luft.
Ihr Mann warf ihr einen amüsierten Blick zu. „Du wirst dich erinnern, daß wir immer für eine faire Handlungsweise waren, nicht wahr? Es wäre eigentlich nicht weniger als recht und billig gewesen."
Wäre recht und billig *gewesen*, hatte er gesagt. Die Familie atmete erleichtert auf.
Nein, er hatte den Laden nicht abgetreten. Er und Ferd hatten sich dahingehend geeinigt, daß sie jetzt Partner in dem Lebensmittelgeschäft waren. Ferd hatte sich mit seiner Geschäftserfahrung und zweitausend Dollar in bar in die Teilhaberschaft eingekauft. Diese zweitausend Dollar würden reichen, sie nach Alaska zu bringen. Und wenn es ganz schlimm kommen sollte, hatten sie immer noch ein regelmäßiges kleines Einkommen – fast so etwas wie eine Rente.
Der eine oder andere von ihnen mochte freilich insge-

heim von zwanzigtausend geträumt haben, wenn nicht gar von fünfzigtausend oder noch mehr. Zweitausend hörte sich jedenfalls ziemlich dürftig an. Aber, so schätzte ihr Vater, es müßte eigentlich reichen, sie nach Alaska zu bringen. Und das – darin stimmten sie alle überein – war jetzt die Hauptsache.

Nun begann ein eifriges Studium von Landkarten und Prospekten. Sie schmiedeten Pläne. Als erstes würden sie einen gebrauchten Wagen kaufen und einen Anhänger. Dazu Campingausrüstung. So würden sie quer durch Kanada fahren, später die Alaskastraße benutzen. Ihr Ziel sollte Fairbanks sein.

Dort gab es ausgezeichnetes Land zur Bewirtschaftung. Vielleicht konnte Herr Carella sich darin versuchen. Außerdem gab es Bergwerke. Und die Jagd. Es bestanden auch gute Verkehrsverbindungen, sowohl in der Luft als auch per Bahn, Straße oder auf dem Wasserweg, und zwar nach vielen Teilen des Landes. Und Fairbanks hatte sogar eine Universität. Das war noch ein weiterer Pluspunkt, der besonders für Gerd ins Gewicht fiel.

Doch Gerd überlegte. *Was dann, wenn ich mir's schon vermasselt habe?* Sein Mut sank bei diesem Gedanken. Er hielt sich während der letzten Schulwochen so eifrig an seine Studien wie nie zuvor in seinem Leben.

Es war in einer Hinsicht eine gute Sache, daß Alaska in ihr Leben gekommen war. An den Wochenenden, wenn Gerd nicht über seinen Büchern saß, war er mit seinem Vater unterwegs auf der Suche nach einem passenden Gebrauchtwagen. Dadurch blieb ihm weniger Zeit, über das jüngst Geschehene nachzugrübeln.

Darüber hinaus mußte er sich, falls er tatsächlich der Beste sein würde, auf etwas gefaßt machen, vor dem ihm ein wenig bange war – die Abschiedsrede. Von dem Stipendiaten wurde allerhand erwartet. Und er hätte das sicher durchaus in Ordnung gefunden, wenn nicht Sammy Sikorskis Schatten dauernd neben ihm gewesen wäre! Es gab ganze Tage, da seine unsichtbare Gegenwart Gerd auf Schritt und Tritt zu verfolgen schien – Sammy, der rechtmäßig diese Ansprache „Die Zukunft gehört uns" vorbereiten sollte, die gewöhnlich den Grundton für das Programm abgab: Sammy – der ganz und gar keine Zukunft mehr hatte.

Nachdem sie schließlich einen Wagen aufgetrieben hatten, der ihren Vorstellungen entsprach, verbrachte Gerd täglich eine Stunde damit, seinem Vater die Instruktionen weiterzugeben, die er im Fahrkurs an der Schule erhalten hatte. Dann eines Tages wollte auch seine Mutter dabeisein. Es wäre doch wunderbar, meinte sie, wenn sie sich auf der langen Strecke nach Alaska zu dritt abwechseln könnten.

Die Lektionen waren jedoch kein glänzender Erfolg. Es kam sogar zu Szenen.

„Du brauchst mich wahrhaftig nicht so anzubrüllen, Gerd!"

„Dann paß doch besser auf, Mutter! Du braust einfach bei rotem Licht über die Kreuzung! Wenn nun ein Polizist dagestanden hätte – was dann?"

„Du hättest mich rechtzeitig warnen sollen!"

„Das hab' ich doch getan!"

„Warum sprichst du dann nicht so, daß ein normaler Mensch dich verstehen kann?"

Gerd hielt nur noch mit Mühe an sich. Seine Augen blitzten vor Ärger. Da sah er im Rückspiegel, daß sein Vater ihm einen Wink gab.

„Was du brauchst, Wanda", bemerkte Herr Carella daraufhin vom Rücksitz her in seiner trockenen Art, indem er Gerd verschmitzt zuzwinkerte, „ist ein Fahrlehrer, der seine Sache aus dem Effeff versteht. Eine richtige Fahrschule also."

„Das kostet Geld."

„Und wenn schon. Es lohnt sich aber. Gerd hat gerade jetzt so viel zu pauken."

„Ja, natürlich. Das Stipendium. Das geht natürlich allem anderen vor."

3. Auf nach Norden!

Und dann war es soweit. Die Tage und Ereignisse überschlugen sich nur so. Da war zuerst das Bankett, dann der Schülerball, und schließlich die eigentliche Abschlußfeier. Gerd trug die erstaunlich teure goldene Uhr, sein Prüfungsgeschenk.

„Die Shields bestanden darauf, sich an den Kosten zu beteiligen", bemerkte Frau Carella morgens kurz. Sie konnte ihr Mißfallen nicht ganz verbergen.

„Sie dachten wohl, weil du Sammys bester Freund warst . . .", fügte Herr Carella leise hinzu.

Die Uhr drückte die Liebe zweier Elternpaare zu zwei Jungen aus. Und die Shields saßen an jenem Abend neben seinen eigenen Eltern. Gerd kam durch seine Ansprache so gut wie ohne Stocken hindurch. Er brachte es sogar fertig, Sammy zu erwähnen.

Der Beste von ihnen, hatte er gesagt, sei heute nicht dabei, um zu ihnen zu sprechen. Daher wolle er an seiner Statt sprechen – und im Namen aller Prüflinge.

Als dann alles vorüber und die Abschlußdiplome überreicht waren, erhob sich der Rektor noch einmal. Es war nun an der Zeit, den Namen dessen bekanntzugeben, der das Stipendium erhalten sollte.

Gewöhnlich hielt Herr Pearkes zu diesem Zeitpunkt seine Zuhörer mit Späßen und Anspielungen so lange hin, bis die allgemeine Erwartung ihren Höhepunkt erreicht hatte. Diesmal faßte er sich kurz, und seine Rede war alles andere als scherzhaft, sondern ausgesprochen ernst.

Bis vor kurzem, sagte er, habe sozusagen eine Damon- und Phintias-Situation in der Schule geherrscht, die, obschon interessant, die Preisrichter jedoch vor ein ungewohntes Problem gestellt habe. Ein tragischer Unfall, von dem alle wüßten und der die ganze Schule in Trauer versetzt habe, schnitt nun den Gordischen Knoten entzwei. Das Vierjahresstipendium werde somit ohne eine einzige Gegenstimme Gerd Carella zuerkannt.
Applaus. Tränen. Glückwünsche.
Man weiß nie, wozu man fähig ist, ehe man nicht einer Situation wirklich gegenübergestellt wird, mußte Gerd denken. Er brachte es sogar fertig, das nun folgende Interview über sich ergehen zu lassen. Ja, er hätte vor, das Stipendium zweckentsprechend zu verwenden. Er würde eine Universität besuchen – in Fairbanks, Alaska. Nein, sein Entschluß sei gar nicht so abwegig, wie es vielleicht scheine, denn seine Eltern gedächten binnen kurzem nach Alaska zu übersiedeln. Ja, er hoffe, das Vertrauen der Preisrichter nicht zu enttäuschen. Ja, er würde sich des Cedar Crescent Colleges stets mit Dankbarkeit und Freude erinnern. Er hoffe, ihm Ehre zu machen . . . und so weiter.
Der übliche Stil. Man sagte eben, was von einem erwartet wurde. Innerlich aber fühlte er sich leer dabei.
Dann war auch das vorbei. Die Carellas konnten sich nun auf ihre Umzugsvorbereitungen konzentrieren.
Eine Sorge hatte Gerd aber immer noch: Der Anhänger, den sein Vater gekauft hatte, war eine Niete, dessen war er sicher. Die Anhängerkupplung sah zweifelhaft aus, die Bereifung erschien abgenutzt, und mit dem Gleichlauf stimmte auch etwas nicht. Auf jeden Fall würde die

AUTO
NOTIZ

zum größten Teil mit Kies bedeckte Alaskastraße mit ihrer gewaltigen Strecke von 1500 Meilen eine nervenaufreiben Sache werden. Andererseits mochte er nicht gar zu viel sagen, denn sein Vater war von der Geräumigkeit des Anhängers sehr angetan, und sogar seine Mutter äußerte ausnahmsweise keine Bedenken oder böse Vorahnungen, so daß es Gerd einfach widerstrebte, diesen allgemeinen Friedenszustand zu stören.

Tagelang war das Haus ein einziges Durcheinander von Papier, Schachteln und Kisten, von Kleidung, Wäsche, Porzellan und allerlei Gerät, das verpackt werden mußte. Die kanadischen Grenzbestimmungen gaben an, daß auf Hausrat kein Zoll zu entrichten war, also nahmen die Carellas alles mit.

„Hier steht aber, man braucht einen Kraftfahrzeug-Passierschein", ließ sich da Brucie vernehmen, der in diesen Tagen in Broschüren beinahe versank. „Wie ist das denn?" wollte er wissen.

„Ach laß! Das ist doch Papas Sache", erwiderte Stefanie ungeduldig. Gleich darauf stöhnte sie: „Was haben deine Pyjamas unter meinen Nachthemden zu suchen, Lorrie? Da, fang auf."

„Aber – wo soll ich sie denn hintun?" schmollte Lorrie verdrießlich.

„Und wo sind deine Socken, Brucie?"

„Er sitzt ja auf ihnen . . ."

„Un' hier steht, man braucht ein Inventar. In dreifacher Ausfertigung. Was ist das – ein Inventar – in dreifacher Ausfertigung?" fragte Brucie.

„Das heißt, eine Liste von dem aufzustellen, was wir mitnehmen wollen. Und davon braucht man zwei

Durchschläge. Das zusammen ergibt die Inventar-Aufstellung in dreifacher Ausfertigung!" antwortete Gerd.
„Bewegt euch ein bißchen! Es würde dem Inventar zuträglicher sein, wenn ihr euch verkrümeln würdet, statt mir dauernd im Wege herumzustehen", meinte Mutter schließlich lächelnd über so viel Getümmel.
Nach und nach kam jedoch tatsächlich etwas Ordnung in das Chaos hinein. Mit der Hilfe eines Nachbarn schleppten und schoben Gerd und sein Vater die fertig gepackten Kisten in den Anhänger. Die kleineren Bündel zwängten sie zwischen die größeren Stücke. Ganz zum Schluß kam das so gut wie neue Zelt, das sie in einem Gebrauchtwarengeschäft gekauft hatten. Erst als die Tür des Anhängers geschlossen und das Vorhängeschloß angebracht war, wurde es Gerd richtig bewußt: Es ging nun wirklich nach Alaska!
Den letzten Abend in Norton verstreute sich die Familie in die Häuser der verschiedenen Nachbarn. Gerd war eigens zu den Shields eingeladen worden. Er scheute sich ein wenig davor, hinzugehen. Sein Vater legte ihm jedoch nahe, es gehöre sich für ihn. Seine Mutter dagegen meinte, er solle es sein lassen – und sie sagte es in ihrem üblichen energischen Ton.
Später war er froh, daß er doch hingegangen war. Es war so tröstlich, den beiden Shields zuzuhören, wie sie so liebevoll und doch ruhig von „unserem Sammy" sprachen. Und das würde bei ihnen wohl immer so bleiben, solange sie lebten. Gerd spürte, wie sich in ihm etwas löste – das starre Gefühl des Schmerzes und der Einsamkeit. Er erzählte sogar einige von Sammys Lieblingsspäßen, und sie lachten alle drei – mit Tränen in den Augen.

Die Shields pflegten nach dem Essen einen Abschnitt aus der Bibel zu lesen und danach zu beten und sie taten das auch an diesem Abend. Es rührte ihn irgendwie, als er sie so betrachtete: Erwachsene, die so taten, als sei Gott in der Nähe, greifbare Wirklichkeit. Das Gebet schien ihnen eine Art Gelassenheit in all ihrem Unglück zu geben. Und ihr Glaube hatte eine sonderbare Anziehungskraft. Man könnte beinahe sagen: Macht. Gerd wünschte sich plötzlich, auch so glauben zu können und Gottes Wirklichkeit zu erfahren.

Er merkte bald, daß die Shields ihn nicht ohne tiefen Grund eingeladen hatten. Sie zeigten nämlich ein Foto von Sammys älterem Bruder, dem Ausreißer. Nein, sie hatten Dick nie gesehen. Die armen Jungs waren von einem Ort zum anderen herumgestoßen worden, bevor Dick davonlief und Sammy schließlich bei ihnen landete. Dieser Dick schien ziemlich eigenwillig zu sein. Konnte – oder wollte – sich nicht fügen. War ständig „in der Tinte" – und verduftete dann schließlich ganz. Aber er mußte einen guten Kern gehabt haben. Sammy hatte sehr an ihm gehangen.

Er solle sich das Foto gut ansehen. War da nicht eine entfernte Ähnlichkeit mit Sammy? Und Dick hatte keine Ahnung von Sammys Tod. Sammys Traum sei es immer gewesen, seinen Bruder eines Tages aufzuspüren. Es hatte für ihn festgestanden, daß er einmal nach Alaska gehen würde. Und nun fuhr in Wirklichkeit Gerd dorthin! Selbstverständlich konnten sie nicht erwarten, daß er das Land durchkämen würde – ein Gebiet, das mehr als doppelt so groß war als Texas, nicht wahr?

Aber Gott war da, und wußte genau, wo Dick war.

„Du wirst überall deine Augen offenhalten, nicht wahr? Das ist alles, worum wir dich bitten. Und wir werden für dich beten.“

Gerd brachte es nicht fertig, auch nur dabei zu lächeln. Es war ihnen so ernst mit ihrem Anteil an der Sache. So versprach auch er, daß er seinerseits alles tun wollte, was er konnte.

Schon vor fünf Uhr am nächsten Morgen waren die Shields geschäftig dabei, das Frühstück für ihn zu richten. Sie entließen ihn mit einem tröstlichen Wohlgefühl – und mit ihren Gebeten um Gottes Schutz und Segen, die ihm noch lange in den Ohren nachklangen. Und es war reichlich Gelegenheit dazu da, denn Nortons Straßen waren um diese Zeit leer und verlassen. Nichts war zu hören außer seinem eigenen Schritt – und jenem Widerhall.

Eine Stunde später befanden sich die Carellas bereits auf der Fahrt in Richtung Norden.

Es war ein stolzes Gefühl, am Steuerrad zu sitzen, sozusagen als Hauptnavigator für eine Familie von sechs Personen. Die Carellas überließen den größten Teil des Fahrens Gerd. Sie lösten ihn nur dann und wann auf den langen einsamen Strecken ab. Die Landschaft glitt wie ein Fließband an ihnen vorüber, und diese stetige Bewegung in Kurven und Schleifen übte eine fast hypnotisierende Wirkung auf Gerd aus.

Irgendwie beunruhigte ihn auch der fortwährend schaukelnde Anhänger. Gerd war daher ganz froh, hin und wieder einmal abgelöst zu werden. Lorraine und Brucie hielten einem mit ihren ständigen Zwischenrufen und dem aufregenden Gequieke zumindest wach, fand er. Stefanie erwies sich als überraschend nützlich, vor allem dann, wenn man anhielt, um einen Imbiß am Wegrand einzunehmen.

Zur Abendzeit, als das Zelt aufgeschlagen werden mußte, kam für Brucie der Augenblick der Bewährung. Als Junior bei den Pfadfindern war er der einzige Carella, der darin Erfahrung besaß.

Es war ein eigenartiges Gefühl, das erste Mal als Familie zusammen im Freien zu übernachten. Da sie nie eine besonders enge Einheit gebildet hatten, überkam sie dabei fast ein Gefühl der Bloßstellung. Es war, als hätte man Angst, die anderen würden zu tief in einen hineinsehen können und zu sehr merken, was und wer man wirklich war. Möglicherweise trugen auch die ungewohnte Stille und die unermeßliche Weite der Wälder, Berge und Seen mit dazu bei.

Die Bergkuppen des westlichen Montana umgaben die Carellas an ihrem ersten Abend im Freien. Nahe, und doch nicht zu nahe. Schneebedeckte Gipfel mit dem Glanz der Sonne auf ihren Graten blickten unnahbar, aber freundlich auf sie herab.

Ein Farmer hatte ihnen erlaubt, in einem Pappelgehölz etwa fünfhundert Meter von der Straße entfernt zu zelten. Das eintönige Gesumme des Straßenverkehrs wurde hier von dem Glucksen des Baches verschlungen. Die Carellas gaben sich dem Genuß von Kaffee und Kuchen hin und beobachteten, wie die Sterne herauskamen – zuerst einzeln, dann zu Hunderten.

„Die Himmel erzählen die Ehre Gottes und die Feste verkünden seiner Hände Werk“ murmelte Lorraine träumerisch.

„Wo hast du das her, Liebes?“ Frau Carellas Stimme klang zurückhaltend, aber gespannt.
„Es stammt aus der Bibel“ antwortete Lorraine. „Die Religionslehrerin hat uns dies Psalmwort einmal ausgelegt.
„Mutti, was ist eine ’Feste’?“
„Das ist ein anderes Wort für Sternenhimmel“, antwortete Mutter Carella ihrem wißbegierigen Sohn.
„Und was ist ’seiner Hände Werk’?“ wollte Brucie nun auch noch wissen. „Daß du das Zelt aufgestellt hast“, murmelte Lorraine müde, während ihr schon beinahe die Augenlider vor Schläfrigkeit zufielen, „das war deiner Hände Werk.“
Das ungewohnte Lob überraschte Brucie, aber offenbar hatte er nichts dagegen einzuwenden. Man konnte deutlich sehen, daß es ihm nicht mißfiel.
Gerd ertappte sich dabei, daß er über eine Frage nachgrübelte: Wo und wann hatte seine Mutter mit der Bibel Bekanntschaft gemacht? Er kannte die Stelle. Es war zufällig einer von Sammys Lieblingsversen. Man hatte ziemlich sicher damit rechnen können, daß er ihn anführte, wenn sie zusammen auf einer Wanderung gewesen waren.
Am nächsten Vormittag erreichten die Carellas die kanadische Grenze. Die Männer vom Zoll waren freundlich, aber Gerd spürte trotzdem seine Nerven. Während der eine Beamte ihre Aufstellung der mitgeführten Gegenstände durchging, besah sich der andere das Fahrzeug mit dem Anhänger gründlich von allen Seiten, wobei er auch die Anhängerkupplung und die Bereifung prüfte. Er pfiff leise durch die Zähne und

schüttelte mißbilligend den Kopf, so als hätte er wegen irgend etwas Bedenken.
„Führen Sie Ersatzreifen mit?“ fragte er. „Das wäre klug von Ihnen, selbst wenn Sie schlauchlose Reifen haben. Es sind doch allerhand Meilen zwischen den einzelnen Tankstellen an der Alaskastraße. Und ich würde diese Kupplung bei der nächsten Gelegenheit inspizieren lassen, wenn ich an Ihrer Stelle wäre.“ Sie dankten und reisten weiter.
Die Fahrt durch die Alberta-Vorberge war interessant. Am Ufer eines Sees nahmen sie ihren Mittagsimbiß ein. Lorraine war sicher, dies müsse der Lake Louise sein. Nun, er lag ja in Kanada! Man stelle sich vor – ein fremdes Land!
Das wirkliche Abenteuer begann in der rauhen Stadt Dawson Creek im Norden von Britisch-Columbia. Hier war der Ausgangspunkt der Entfernungsangaben der Alaskastraße. Ein Pfosten zeigte an, daß sie 300 Meilen von Fort Nelson entfernt waren (wo lag Fort Nelson?), 918 Meilen von Whitehorse im Yukon-Gebiet und 1523 Meilen von Fairbanks in Alaska. Nur etwa 100 Meilen der gesamten Strecke waren asphaltiert!
Die Fahrt auf der Alaskastraße rief die verschiedenartigsten Reaktionen bei ihnen hervor.
„Was für eine wildromantische Landschaft. Seht euch nur dieses Tal an!“
„Ach, dieser gräßliche Staub. Zum Ersticken!“
„Und das Geholper. Entsetzlich!“ stöhnte Lorraine. „Alle diese Steine auf der Straße! Warum räumt man sie nicht weg?“
Ha! Die sind doch extra hergefahren worden, Dummer-

chen. Mit Absicht. Nämlich für die Zeiten, in denen es regnet. Sei nicht so empfindlich. Die ganze Fahrt ist eben ein einziges Abenteuer.“ Stöße von Brucies Ellbogen verliehen seiner männlichen Überlegenheit Nachdruck. „Da hast du recht, Junge.“ Der nun schon wohlvertraute Glanz der Erwartung leuchtete in Herrn Carellas Augen auf. „Dies ist eben Frontier-Land, Besiedlungsgrenzgebiet.“

Der faustgroße Kies begann auch Gerd Sorge zu machen. Auf sein Drängen hin hatte sein Vater einem Tankstellengehilfen gegenüber die Anhängerkupplung erwähnt. Da jedoch noch andere Kunden auf Bedienung warteten, hatte der Mann Herrn Carella beigepflichtet, daß er sie ganz in Ordnung fände und sie wohl noch halten würde.

Als es bald darauf zu regnen anfing, murrte niemand mehr über den Schotter. Ohne diese Steindecke würde die Straße jetzt unbefahrbar gewesen sein. Frau Carella saß nun zur Abwechslung einmal am Steuerrad. Gerd erwartete, daß sie ihn auffordern würde, sie abzulösen. Doch seine Mutter fuhr weiter und war ganz Auge und Ohr, wie sie so durch das beschlagene Fenster spähte. Wie es schien, hatten sie die Straße für sich allein.

Die Umrisse der Bergspitzen waren nur noch undeutlich zu erkennen. Der Regen verschleierte das frische Frühlingsgrün des Waldes wie auch des Gestrüpps neben der Straße und verhüllte die nächste Kurve, die vor ihnen weiter unten am Fluß lag.

Dann sah Gerd plötzlich einen Wagen aus dem Nebel auf sich zukommen.

„Vorsicht!“ schrie er aufgeregt.

Es zerrte schon gewaltig an den Nerven, auf einmal einen Wagen auf sich zurasen zu sehen, wo man gerade noch dachte, die Straße gehöre einem allein. Die trüben Regenschleier und die plötzliche Kurve hatten ihnen diesen Streich gespielt. Außerdem war Mutter im Fahren noch ungeübt, und Gerds entsetzter Aufschrei half wenig. Sie geriet in Panik und drehte abrupt seitwärts.

Im selben Augenblick hörte Gerd ein Knacken hinter sich. Ein einziger erschrockener Blick nach rückwärts zeigte ihm, daß der Anhänger wie wild über die Straße torkelte und auf die Gegenfahrbahn geriet.

Der alte Kasten, in dem sie saßen, hatte schon mit sich selbst genug Last. Nun, da er von dem Zug nach hinten befreit war, schwang sein Vorderteil in einem Bogen herum und hielt auf den steilen Abhang zu.

„Nein!" schrie Frau Carella.

Trudelnd und wirbelnd ins Leere und die Böschung hinabstürzen und im Fluß untertauchen – sechs Personen in dem kleinen Raum eingeschlossen, gefangen, hilflos um sich schlagend, bis man durch zersplittertes Glas und das strömende Wasser befreit wird. *Befreit!* Gerd sah das alles für einen Augenblick vor sich. Er spürte einen Aufprall – und öffnete die Augen. *Die rechte Straßenseite war noch da!* Das war sein erster ungläubiger Gedanke. Der malerische Anblick der verschleierten Berggipfel und der gähnenden Talschlucht zu ihren Rechten war noch da. Gleichbleibend. Feststehend. Der Wagen war wenige Zentimeter vor der abschüssigen Böschung stehengeblieben. Er war nicht hinausgefahren. Eine große Stille herrschte.

Zitternd kletterten die Carellas aus dem Wagen, ungeachtet des Regens. Der Fahrer des anderen Wagens kam auf sie zu. Er hatte rechtzeitig seitwärts ausbiegen können, ohne den Anhänger zu rammen. Sie waren alle unverletzt. Nichts, außer der Anhängerkupplung, war gebrochen.

„Da haben wir ja eine schöne Bescherung!“ rief der Fremde in gedehnter langsamer Sprechweise, wie man sie in Texas antrifft. „Hätte weit schlimmer ausfallen können. Ihr Leute scheint ja haufenweise Schutzengel bei euch zu haben – oder so was Ähnliches.“

Es schien grotesk, daß der Wagen bis an den Rand des Abhangs gefahren war und nicht darüber hinaus. Und daß der andere Wagen noch nicht einmal eine Beule abbekommen hatte.

„Ich kann es einfach nicht glauben!“ murmelte der Fremde mehr als einmal.

Er half Gerd und seinem Vater, den Wagen in eine sichere Entfernung vor der Böschung zu schieben. Und dann widmeten sie ihre Aufmerksamkeit der Anhängerkupplung. Keines der beiden Autos führte ein genügend starkes Abschleppseil mit sich, was natürlich gegen alle Vorschriften war. Es blieb schwierig zu entscheiden, was sie so weit von jeder Hilfe tun sollten. Whitehorse war ihr nächster Halteplatz, wurde ihnen gesagt. Und Whitehorse war noch Meilen entfernt.

„Ich hatte angenommen die Kupplung würde halten“, sagte Vater Carella in etwas zaghaftem und entschuldigendem Ton zu Gerd. „Ich dachte nicht, daß das passieren könnte.“

Gerd antwortete nichts darauf. Was hatte es jetzt für

einen Sinn, ihm mit dem üblichen „Ich hab dir's ja gesagt . . ." zu kommen?
Sie wurden mit jeder Minute nasser, während sie um die Anhängerkupplung herumstanden und unglücklich auf sie starrten. Und Gerd hätte am liebsten den ganzen Anhänger mit all seinem Inhalt die Böschung hinuntergeschoben, um nur das Problem loszuwerden!

4. Abenteuer Whitehorse

Die gebrochene Anhängerkupplung anzustarren, hatte wenig Sinn. Da standen sie nun, meilenweit von jeder menschlichen Ansiedlung entfernt, ohne Kettengeschirr oder Abschleppseil, mit dem sie den selbständig gewordenen Anhänger wieder an dem Wagen hätten befestigen können.

Da traten aus dem Regen zwei Fremde auf sie zu, gänzlich unerwartet, jeder aus einer anderen Richtung. Der eine zog eine starke Kette hinter sich her, der andere schleppte ein kräftiges Seil heran!

„Dachte, Sie würden das vielleicht brauchen können“, begann der erste.

„Vielleicht ist das hier von Nutzen“ sagte der andere.

„Wo kommen Sie her? Und wieso wußten Sie, daß Hilfe gebraucht wird?“ fragte der Texaner den anderen. „Immer noch mehr Engeleinsatz, Carella?“

„Ganz schön durchweichte kleine Engel“, sagte der Seilträger und grinste Lorraine an, die vor Nässe tropfte und schutzsuchend zu dem geparkten Wagen rannte.

„Es scheint hier herum von Engeln und Kobolden nur so zu wimmeln“, meinte der erste wieder. „Jedenfalls hat mich so ein schwarzhaariger kleiner Kobold angehalten. Wenn ich je einen zu sehen bekam, dann war das einer.“

Wie sich später herausstellte, waren Brucie, dem Pfadfinder Junior, die roten Fähnchen eingefallen, die sie in ihrem Koffer mitführten. Er schickte Lorraine mit einem an die nächste Straßenbiegung, während er selbst in der

entgegenkommenden Richtung zu der weiter entfernten Kurve lief.
„Ich mußte es einfach", sagte er später, „wir wären ja sonst richtig aufgeschmissen gewesen."
„Und wie!" pflichtete Gerd ihm bei und klopfte dem kleinen Burschen anerkennend auf die Schulter, was ihn rot werden ließ vor Freude. „Aber wir anderen haben komischerweise nicht so weit gedacht" fügte er kopfschüttelnd hinzu.
Das Gespräch fand schon in Whitehorse statt, wo sie mit Hilfe der Abschleppseile glücklich eingetroffen waren. Einer ihrer Helfer bestand darauf, daß sie während der Dauer ihres Aufenthaltes in Whitehorse seine Gäste waren.
Vor einem knisternden Holzfeuer trockneten sie ihre nassen Kleidungsstücke und erzählten ihrem Gastgeber ihre Tagesereignisse. Der Hausherr, Ralf Teasely, schien ganz vernarrt in Lorraine zu sein.
„Welches war denn nun der 'erstaunlichste' Moment der bisherigen Reise?" erkundigte er sich bei der verträumt dreinblickenden kleinen Blondine. „Erstaunlich" war nämlich der besondere Lieblingsausdruck in ihrem Vokabular.
Lorraine kicherte und wurde rot, dann räusperte sie sich. Aber die Frage blieb unbeantwortet.
„So sprich doch, Liebes", ermahnte Mutter Carella die Kleine mit einem Blick, der wahrscheinlich besagen sollte: Wie benimmst du dich denn wieder!
Lorraine gab daher Antwort auf die ihr gestellte Frage. Sie sagte: „Es war Mutters Schreckensruf in dem Moment, als wir auf den Abhang zufuhren."

Ihrem Gastgeber entschlüpfte ein überraschter Ausruf. Er hatte wohl eine andere Antwort erwartet.
Er fragte aber nicht weiter nach Einzelheiten, sondern ließ das Thema fallen. Wie hätte er auch ahnen können, daß Lorraine darüber verwundert war, daß Mutter in ihrer Angst Gott angerufen hatte, was sie doch sonst weit von sich zu weisen und hart zu verurteilen pflegte . . .
Stattdessen begann Herr Teasely nun, auf die Carellas einzureden, ihre Pläne zu ändern. Wieso wollten sie unbedingt den ganzen Weg nach Alaska zurücklegen? Warum denn nicht lieber sich hier im Yukongebiet niederlassen?
Gerd hörte nur mit halbem Ohr auf all die ausgezeichneten Gründe, weshalb es klüger wäre zu bleiben, wo sie waren. Mit der anderen Hälfte seines Verstandes überlegte er: Hatte Mutter tatsächlich Gott angerufen, als sie meinte, ihr letztes Stündlein habe geschlagen?
Auf jeden Fall hatte sie den Namen Gottes angerufen. Das war eine Tatsache. Und ebenso war es eine Tatsache, daß der Chev gerade in dem Moment stehenblieb, wo er eigentlich über die Böschung hätte hinunterstürzen müssen. Sammy und die Shields würden bestimmt sagen, es sei eine Gebetserhörung gewesen, wüßten sie davon. Vielleicht hatten die Shields wirklich in diesem Augenblick für sie gebetet? Es hätte ihn gar nicht gewundert.
Der Regen ließ nach, so daß Gerd nach dem Abendbrot mit seinem Vater und dem Hausherrn einen kleinen Stadtbummel machen konnte. Whitehorse hatte viele moderne Häuser. Aber es gab auch siebzig Jahre alte Bretterbuden, die noch immer benutzt wurden. Wäh-

rend des Goldrausches war dies ein ziemlich turbulenter Ort gewesen. Unten am Wasser sahen sie einige alte Heckraddampfer. Das waren die Ausflugsschiffe der Goldenen Neunzigerjahre. Doch dienten sie heute ebensowohl Geschäfts- wie Vergnügungszwecken. Was für Geschichten diese Schiffe wohl zu erzählen hätten, wenn sie reden könnten!

„Wenn du einen richtigen Geschmack von der alten Zeit bekommen möchtest“, sagte Ralf Teasely, der Gerds Interesse bemerkte, „dann muß du dir den alten Schlepper hinter der Flußbiegung ansehen. Das ist ein ‚Hundertjähriger‘, so kann man wohl sagen, wahrhaftig ein Museumsstück. Steht da zur Erinnerung an die gute alte Zeit. Man kann damit den Fluß hinunterfahren und sozusagen die Vergangenheit wieder zum Leben erwekken.“ Es war der kurioseste Anblick, der sich Gerd je in seinem Leben geboten hatte. Da stand ein putziger, vorsintflutlich anmutender und irgendwie an einen Ziegenbock erinnernder Schlepper, der im Begriff stand, ein Floß von sechs Lastkähnen den mächtigen Yukon hinunterzubefördern. Die flachen Kähne waren zwei und zwei zusammengekoppelt und hatten jeder eine Länge von gut vierzig Metern. Etliche Männer waren geschäftig dabei, sie zu beladen, und schichteten etwa acht Meter hoch Kisten und Kartons auf. Der Schlepper hatte vor, den ganzen Weg bis zur Mündung des Flusses zurückzulegen. Er würde an Tanana in Alaska vorbeikommen, wo sich der Yukon mit dem Tanana vereinigt.

Es war Herr Carella, dem zuerst der tolle Gedanke kam. Wie wär’s, wenn sie ihre Sachen dem Kahn mitgäben? Ob sich das wohl machen ließe? Dann könnten sie den

Anhänger in Whitehorse zurücklassen. Gerd stimmte dem zu: es würde sich bestimmt lohnen, daß man sich danach erkundigte.

Der Mann an der Tankstelle, bei der sie ihren leidigen Anhänger vor ein paar Stunden abstellten, deutete an, daß eine neue Kupplung das geringste ihrer Probleme wäre. Der Anhänger brauche nämlich eine neue Achse, oder er würde seinen Dienst versagen. Ohne diese müßten sie mit einem vollständigen Ausfall rechnen, lange bevor sie an ihrem Bestimmungsort anlangten. Und die Alaskastraße sei ein unendlicher Schlauch. Dazu einsam! Es sei zweifelhaft, ob sie in Whitehorse überhaupt eine gute Achse würden auftreiben können, fügte er hinzu – oder irgendwo zwischen hier und Fairbanks.

Wie lange es dauere, die Sachen zu verladen? Und bis alles abgewickelt war?

So zwischen drei Tagen und zwei Wochen wohl.

Herr Teasely sagte prompt, daß die Carellas selbstverständlich solange seine Gäste seien. Gerd bezweifelte, daß Frau Teasely von dieser Aussicht ebenso begeistert war wie ihr Mann. Natürlich kam das gar nicht in Frage. Immerhin waren sie eine große Familie, und sechs Personen abzufüttern und in Betten unterzubringen, das konnte man von fremden Menschen – und das waren die Teaselys ihnen ja doch – auf keinen Fall annehmen. Aber in Motels und Hotels zu bleiben, konnte sehr teuer werden. Das Schiff mochte das Problem lösen.

„Ich kenne den Kapitän“, sagte Teasely nun entschlossen. „Gehen wir doch zu ihm.“

Sie suchten ihn auf – und innerhalb von Minuten war die Angelegenheit geregelt. Was jedoch keiner von ihnen vermutet hätte, am allerwenigsten Gerd selbst, war, daß er vorn auf dem ersten Kahn stehen sollte, wenn der Schlepper um die Flußbiegung kurven und seinen langen, weiten Weg den historischen Fluß hinunter antreten würde.

Nachdem die drei von ihrem Rundgang zurückgekehrt waren, fühlte sich Gerd noch zu aufgedreht, um untätig herumzusitzen. Also zog er noch einmal zu einem kleinen Bummel los. Er war nicht allzu überrascht, als er schon bald Schritte hinter sich vernahm. Brucie natürlich! Brucie, der immer Hoffnungsvolle. Ein hartnäckiger kleiner Kerl in der Tat. Diesmal aber verdiente er, nicht wie sonst abgewimmelt zu werden. Denn wenn er nicht gewesen wäre, würde der Unfall an diesem Nachmittag höchstwahrscheinlich – wenn nicht einen tragischen, so doch zumindest einen trübseligen – Ausgang genommen haben.

„Du, Brucie", Gerd warf ihm die Worte über die Schulter in einem gleichgültig sein sollenden Ton zu, „ich denke, du könntest heute eine große Portion Eis vertragen. Was meinst du?"

Brucie, dessen Augen vor Überraschung und Dankbarkeit ganz groß wurden, machte ein paar Sprünge, um an seine Seite zu kommen. „Ja, klar!"

Sie steuerten geradewegs auf die nächste Imbiß- und Eishalle zu, die um diese Tageszeit ziemlich voll war, fanden aber doch noch zwei leere Hocker. Sie ließen sich darauf nieder, und Brucie durfte bestellen.

Gerds Blick fiel auf einen jungen Mann, der dicht neben Brucie saß – ein frischer, stattlicher Bursche mit dunklem Haar und kräftigen Augenbrauen. Er hatte die

lebhaftesten blauen Augen, die Gerd je gesehen hatte. Seine leichte, ungezwungene Art wirkte irgendwie anziehend auf Gerd, wenigstens zunächst.
Der Fremde hatte die Arme auf den Tisch gestützt und hielt seine Tasse Kaffee vorsorglich mit beiden Händen umschlossen. Dabei wechselte er lustige Bemerkungen mit der hübschen Bedienung. Irgend so ein junger Playboy, dachte Gerd. Auf den flogen die Mädchen sicher nur so. Die Kleine hier war jedenfalls ganz von ihm eingenommen, das konnte man sehen. Und er nahm ihre Bewunderung wie ein Pascha hin. Wo lernte man so etwas? Gerds halbamüsierter Blick traf sich im Spiegel mit dem des Fremden, der ihn scharf fixierte. Gerd merkte darauf, daß er wie ein kleiner Junge rot anlief.
Im selben Augenblick drehte sich der Bursche um. Und was nun geschah, war natürlich nur ein Versehen. Sein Ellbogen stieß Brucies Bananen-Split vom Tisch; er segelte über seine Hosen auf den schmutzigen Fußboden.
„Ach! Und ich hab gerade erst angefangen“, klagte Brucie.
„O weh, das tut mir leid“, sagte der Fremde bedauernd. Dann tat er, was sich eigentlich gehörte. Er entschuldigte sich – und bestellte für Brucie ein neues Eis, indem er auf seinem Weg zur Tür eine Banknote aus der Tasche zog und dem bedienenden Mädchen mit einer großzügigen Geste hinreichte. Kurz vor der Tür drehte er sich noch einmal um. Sein Blick traf sich wieder mit dem Gerds.
„Für beide Jungs“, rief er zurück. Dann verließ er auf seine lässige Art, die Gerd vorher so bewundert hatte, selbstsicher die Imbißhalle. Gerd verspürte einen regelrechten Ärger in sich aufsteigen.

Der Ladeninhaber kam herbeigeeilt, fuhr mit einem Tuch über den Tisch und säuberte den Fußboden.
„Das ist Mr. Senden, Dirk Senden", plauderte er mitteilsam, als er Gerds Blick zur Tür folgte. „Dirk – so nennt er sich eben, wie ich gehört habe. Ein angenommener Name. In Wirklichkeit mag er vielleicht Dick heißen. Ein Abenteurer. Von Beruf Buschpilot."
„Senden, sagten Sie?" mischte sich da ein Kunde ein. „Das ist nicht der Name, unter dem ich ihn kenne. Mir ist ein anderer Name bekannt. Gorski oder so ähnlich."
„Doch nicht etwa *Sikorski*?" rief Gerd aus.
„Ja, genau, so heißt er", sagte der Kunde. „Zumindest kommt es mir so vor, daß das der Name ist, den ich gehört habe."
Dick Sikorski. Sammys Bruder? Sie sahen sich äußerlich aber nicht ein bißchen ähnlich. Mit dem Foto bestand vielleicht eine entfernte Ähnlichkeit, mehr aber auch nicht. Freilich – sein arrogantes Gehabe konnte man schwerlich auf ein Bild bannen. Und das eingesehene Foto war schon alt. Zudem sollte sich Dick ja in Alaska aufhalten. Als Buschpilot kam er natürlich viel herum.
Gerd hörte kaum auf Brucies Geplauder auf dem Rückweg zu den Teaselys. Wenn Dirk Senden wirklich Dick Sikorski war – was dann? War er diesem arroganten Burschen gegenüber denn zu irgend etwas verpflichtet?
Die Sache ging Gerd nach und brachte ihn in der folgenden Nacht um den Schlaf. Dann kam er zu dem Schluß, daß, wenn Dirk Senden tatsächlich Dick Sikorski war, er zumindest verdiente, von Sammys Tod zu erfahren. Er mußte es ihm mitteilen, wenn irgendwie eine Möglichkeit dazu bestand.

Als er aber am nächsten Morgen zum Flugplatz ging, um nach einem Herrn Senden zu fragen, wurde ihm gesagt, daß der Buschpilot vor ungefähr zwanzig Minuten Whitehorse verlassen habe.
„Er kommt wieder. Irgendwann einmal. Kann sein, in ein paar Wochen – oder Monaten. Sollen wir ihm etwas ausrichten?"
„Nein", sagte Gerd nur und wandte sich zum Gehen.
Es tat ihm nun doch leid, daß er ihn verfehlt hatte. Verpaßt! Um zwanzig Minuten. Die Leute sagten ihm, daß Buschpiloten verpflichtet waren, jeden Behelfsflugplatz im Yukongebiet anzufliegen. Allmählich nahm der Gedanke greifbare Formen an: Wenn ich den Yukon auf diesem altertümlichen Schiff hinunterfahren könnte – wie hieß der Kahn doch gleich? Ach ja, „Chilkoot". Wenn das keine Idee war! Sollten sie tatsächlich bereit sein, einen Passagier mitzunehmen, so konnte er auf jedem Flugplatz eine Briefnachricht hinterlassen. Früher oder später würde der Pilot sie dann zu lesen bekommen. Außerdem war das ein richtiges Abenteuer. Für die Familie allerdings würde es eine Einbuße bedeuten – sie mußten dann ohne ihren Hauptfahrer auskommen.
Zu Gerds Verwunderung und persönlicher Enttäuschung hatte er jedoch überhaupt keine Schwierigkeit, die Erlaubnis zu diesem seinem neuesten Plan zu bekommen. Er hatte erwartet, sie würden sich entrüstet dagegenstellen. Keine Spur! Frau Carella benahm sich im Gegenteil so merkwürdig, als begrüße sie es sogar. Wahrscheinlich lag ihr daran, mehr Übung im Fahren zu bekommen.
Das war nun der Dank, den er empfing!

Schließlich brachte jedes einzelne Familienglied einen guten Grund vor, weshalb sie froh waren, ohne Gerd zu fahren. Würde das nicht schön sein? Sie hatten dadurch mehr Platz im Wagen. So lautete Stefanies Äußerung. Herr Carella, der an den Hausrat dachte, meinte, ihm fiele nun ein großer Stein vom Herzen. Lorrie allerdings protestierte ein bißchen. Nun würden sie nicht mehr ganz so schnell um die Kurven sausen wie vorher, brummelte sie. Brucie aber hatte den einzigen Verbesserungsvorschlag zu machen: er sollte eigentlich auch auf das Schiff gehen, mit Gerd zusammen. Dann gäbe es noch mehr Platz für die übrigen.
Zu Gerds Erleichterung legte Mutter Carella sogleich ihr Veto gegen diesen Geistesblitz Brucies ein.
Sie verließen Whitehorse noch am selben Tag. Gerd winkte dem Chevrolet nach, der sich nun so leichtfüßig wie ein übermütiges Hengstfüllen ausnahm – ohne das Gewicht des Anhängers hinter sich. Dann machte er entschlossen kehrt und schlug den Weg zum Flußufer ein, wo schon eine begeisterte Menschenmenge darauf wartete, die Vergangenheit wiedererstehen zu lassen. Das Puffen des Dieselmotors paßte zwar nicht ganz zu dieser alten Tradition des Nordens, doch dafür gehörte es eben zur neuen. John Groß sagte, das Hämmern des Diesels sei heute die wirkliche Stimme des Nordens. Man konnte es schon von weitem hören.
Groß war Erster Maat – sofern Rangbezeichnungen in dieser freien und ungezwungenen Welt überhaupt eine Rolle spielten. Er unterstützte den Kapitän und löste ihn zeitweilig ab. Und er war derjenige, der diese Hundertjahrs-Sensation wirklich genoß.

Der Kapitän hieß Olav Soderstrom. Die Männer sprangen nur so, wenn er ein Kommando gab. Er mochte schätzungsweise um die Vierzig sein, sah jedoch jünger aus. Er hatte einen gut trainierten Körper, scharfe Augen, und schwieg gern. Aber er war auf seine ruhige Art ein sehr freundlicher Mensch. Gerd sollte für seine Fahrt nichts bezahlen müssen. Außerdem gab sich Soderstrom Mühe, ihm die Fahrt zu einem angenehmen Erlebnis zu machen.
Um die anderen Mitglieder der Mannschaft kennenzulernen, brauchte Gerd schon etwas mehr Zeit. Sie arbeiteten in einer Sechsstundenschicht, also lag jeweils die Hälfte von ihnen abwechselnd in ihren Schlafkojen, oder sie wuschen Socken und Hemden und breiteten sie auf den Planken und Kisten zum Trocknen aus. Die andere Hälfte der Mannschaft verrichtete den üblichen Dienst, achtete auf Geräusche und hielt ein Auge auf das Frachtgut. Sandbänke hatten bekanntlich die Neigung, sich zu verlagern, und der Yukon war keine zwei Male derselbe. So sagte John Groß.

In knapp zwei Tagen kannte Gerd die meisten der Männer und Burschen wenigstens vom Sehen. Einer oder zwei von ihnen waren nicht älter als er selbst. Da war zum Beispiel Loomas Carey, der so sonderbar schien wie sein Name. Er wirkte irgendwie klotzig und steif, und mit seinen buschigen Brauen sah er so eigenartig finster drein – und war doch einer der freundlichsten Burschen an Bord. Sein Körper war fleischig, was wohl der Grund für seinen schaukelnden Gang sein mochte. Dabei war er erstaunlich behend. Gerd konnte nicht herausbekom-

men, ob seine Ungeschicklichkeit echt oder nur vorgetäuscht war.
Und dann gab es da Earl Smith mit seinem leeren Gerede, der einen fünf Minuten lang ganz unpersönlich ansehen konnte.
Im übrigen brachte Smith kaum den Mund auf.
Und dann war da noch Ben Schultz: dunkel, wuchtig und gern ein wenig lärmend. Man konnte ein Dutzend Nationalitäten unter den Männern feststellen. Yin Chow stammte beispielsweise aus Hongkong und fungierte als Frachtschreiber oder wie immer der Job heißen mochte. Popov, der Mann aus Moskau, war Koch.
Von all diesen Männern fühlte sich Gerd am meisten zu Groß hingezogen. Er war ein stämmiger Mann mit einem riesigen Brustkasten und kraftvollen Armen und Beinen, hatte graumeliertes Haar, rosige Wangen und eine rauhe Stimme, die von einem Ende des Schleppzugs bis zum anderen gehört werden konnte. Dennoch barg dieser kraftstrotzende Körper ein feinfühliges, nachdenkliches Gemüt.

5. *Die Suche am Yukon*

Es war ungefähr so, wie wenn man seine Geschichtskenntnisse auffrischte; jedenfalls wurden sie einem ganz neu gegenwärtig. Der Schlepper hatten seinen Namen „Chilkoot“ nach dem gleichnamigen Paß bekommen, den Tausende von Abenteuerlustigen auf ihrem mühsamen, beschwerlichen Weg zu den Goldfeldern Alaskas und am Yukon überschreiten mußten und auf dem buchstäblich Hunderte auf der Strecke blieben.
John Groß, der Erste Maat der „Chilkoot“, war ein geborener Erzähler. Er unterhielt Gerd sozusagen rund um die Uhr mit Geschichten aus den Goldrauschtagen. Er selbst war seinerzeit – wie er sich ausdrückte – in einer Kuchenschachtel über den Paß gekommen. Seine Eltern hatten die Reise nach dem Norden jedoch nicht gemacht, um Gold zu schürfen. Groß’ Vater war vielmehr Musiker gewesen und es hatte sich die Idee in ihm festgesetzt, er müsse eine Spur Kultur in das rauhe Frontier-Gebiet bringen. An dieser Stelle seiner Erzählung zwinkerte Groß seinem Zuhörer verschmitzt zu und brach sodann in ein hehres Loblied der Goldrauschzeit aus. Gerd fragte sich nur, ob der Musiker dem zugestimmt haben würde.
Sooft die immer wechselnde Uferlandschaft einen Anblick bot, der einem Neuling leicht entgehen hätte können, tauchte mit Sicherheit Groß neben ihm auf und tippte ihn schweigend an. Gerd staunte im übrigen über sein umfangreiches naturkundliches Wissen.

Da sahen sie zum Beispiel eines Tages Zwillings-Bärenjunge sich am Ufer balgen. Die Mutter wachte in der Nähe. Groß sagte bei dieser Gelegenheit, ein einzelnes Bärenkind dürfe nie mit einem anderen spielen. Nur bei Zwillingen sei das anders: sie konnten nach Herzenslust miteinander herumtollen.
Ein andermal beobachteten sie eine Herde Karibu, wie das nordamerikanische Rentier in der Sprache der Algonkin-Indianer heißt, die zur Zeit des Sonnenuntergangs den Strom durchschwamm. Der hell leuchtende Himmel, die mit Rottannen bestandenen Inseln, der schimmernde Streifen des Regenbogens im Wasser, unterbrochen von dem edlen Karibu-Wild – das alles zusammen ergab ein Bild, das Gerd nie vergessen würde. Ganz vorn, am Ende des vordersten Kahns, war der puffende Diesel kaum zu hören. Stille, fast absolute Stille war da. Und Weite. Und Einsamkeit.
Gerd fragte sich, was geschehen würde, wenn man hier ins Wasser fiele. Um Hilfe rufen? Zwecklos. Auf dem Schlepper würde das niemand hören. Der Motor übertönte jedes andere Geräusch. Und er war weit davon entfernt, ein großartiger Schwimmer zu sein. Doch angenommen, es gelänge ihm, das Ufer zu erreichen – was dann? Bis zur nächsten menschlichen Ansiedlung mochten es Hunderte von Kilometern sein. Er würde keine andere Gesellschaft haben als die der lästigen schwarzen Fliegen, die es um diese Zeit hier massenhaft gab.
Diese gefährlichen Insekten konnten einen wirklich verrückt machen. Immer, wenn man am Ufer anlegte, um irgendwelches Frachtgut auszuladen oder Güter in Empfang zu nehmen, wobei einem jeder Erwachsene,

jedes Kind (einschließlich der Hunde) zujubelte – jedesmal ließen sich die frechen Biester haufenweise auf dem weißen Deckgeländer nieder und blieben dort wie Trauben hängen. Einer von der Mannschaft spritzte sie mit dem Wasserschlauch hinunter. Doch schon bald nahm das Heer anderer den Platz derer ein, die fortgeschwemmt und ertränkt worden waren. Oder waren sie unausrottbar? Waren es die gleichen Fliegen, die erfrischt aus ihrem unfreiwilligen Bad zurückkehrten?
Es würde sicherlich einen Marsch um sein Leben bedeuten in diesem Land mit seinen weit verstreut liegenden Siedlungen, ohne Waffen und ohne Nahrung, dachte Gerd. Er konnte es sich lebhaft ausmalen, wie es sein würde: rennen, taumeln, stolpern, und dann ...
Schon allein die ungeheure Weite vermochte merkwürdige Dinge mit einem Menschen anzurichten. Sie konnte ihn zunächst überspannen und dann, umgekehrt in sich selbst zusammenschrumpfen, verkümmern lassen. *Da bin ich – allein in dieser ganz großen Einsamkeit. Was bin ich? Nichts. Ein Staubkörnchen. Weniger als ein Staubkorn.*
Das Wasser glitt ruhig an den flachen Kähnen entlang. Der Siebenknotengang schien beiden – Lastkähnen wie Fluß – gut zu passen. Freundschaftlich bewegten sie sich miteinander voran. Es gab daher auch keine hochaufschäumenden Wellen, die ihren Sprühregen über Bord gesandt hätten.
Gerd lernte erkennen, wann sie sich den Stromschnellen näherten. Er merkte es daran, wie das Wasser an dem Kahn entlangschoß. Je näher man den Stromschnellen kam, desto höher wurden die Wellenkämme, und die

Wogen schienen sich an Eile überbieten zu wollen. Die Stromschnellen selbst zu durchfahren, war sowohl aufregend als auch ermüdend.
Die Hälfte der Kähne wurde dann an einem Baum vertäut, und zwar flußaufwärts – also gegen den Strom gerichtet. Dann schob der tuckernde Schlepper die übrigen Kähne durch das aufgewühlte Gewässer. Wenn Gerd es vorzog, mit der zweiten Gruppe mitzufahren, hatte er eine lange Wartezeit vor sich. Es konnte eine Stunde dauern, bis die halbe Ladung durch die Stromschnellen geschleust war. Doch sich danach stromaufwärts zu kämpfen, um die zweite Hälfte der Kähne zu holen, konnte unter Umständen bis zu drei Stunden Zeit beanspruchen. Und dort am Warteplatz war mittlerweile eine atemlose Stille eingetreten. Nichts regte sich. Sogar der einsame Adler, den er eines Tages in einem Baum erblickt hatte, hatte stundenlang nur dagesessen vor sich hin gestarrt. Und warum nicht? Der alte Vogel hatte ja eine Unmenge Zeit, sich nach Futter umzusehen. Die Tage waren lang, sehr lang. Das Licht verschwand in dieser Jahreszeit nie ganz vom Himmel.
Es war darum auch gar nicht nötig, Zeit damit zu verschwenden, daß man über Nacht fest anlegte. Der Schlepper lief das Ufer nur an, um Fracht auf- oder abzuladen – und damit sie einmal eine Abwechslung hätten. Fast jedes kleine Dorf besaß einen eigenen Behelfsflugplatz. Gerd suchte immer zuerst nach dem Flugzeugschuppen – sofern einer vorhanden war – und ließ dort oder im Ort selbst eine Notiz für Dirk Senden zurück. Sie enthielt immer zuerst die direkte Frage: War er Dick Sikorski? Wenn ja, dann habe der Absender eine

Mitteilung für ihn. Sein Bruder Sammy sei am 2. März bei einem Verkehrsunfall ums Leben gekommen. Weitere Einzelheiten könne er bei Gerd Carella, Fairbanks, Alaska, postlagernd, erfahren.

Nie traf Gerd irgendwo mit Senden zusammen. Einerseits empfand er das als eine Erleichterung. Aber er war andererseits auch nicht böse, daß er seinetwegen die Flußreise mit dem Schlepper unternommen hatte.

Die Fahrt ging natürlich alles in allem ziemlich langsam vor sich, und es gab Zeiten, da ihm schon fast die Geduld ausgehen wollte.

Was das Essen betraf, waren sie allerdings ausgezeichnet versorgt. Nicht nur, daß es vorzüglich schmeckte – es gab auch stets reichlich von allem. Wenn die eine Hälfte der Mannschaft von ihrer Sechs-Stunden-Schicht kam, verlangte sie natürlich gut zu essen. Die andere Hälfte der Mannschaft stand dann auf, um ihre Schicht – mit gesättigtem Magen – anzutreten. Saß man jedoch mit einem Dutzend hungriger Männer an einem Tisch zusammen, so fühlte man sich verpflichtet, es ihnen gleichzutun. Da gab es beispielsweise Bratenfleisch, geschmorten Elch, gebratene Hühnchen, Berge von Kartoffelbrei, massenhaft Soße und zum Abschluß eine Art Obstkuchen. Letzteren sogar zweimal am Tag! Gerd hatte nach den Mahlzeiten jedesmal das Bedürfnis, über sämtliche Kähne zu wandern!

Die Einsamkeit ließ ihm viel Zeit zum Denken. An Sammy – und an das, womit Sammy lebte. Während Gerd melancholisch zu dem weit entfernten Ufer hinüberstarrte, fragte er sich, ob das, womit Sammy gelebt hatte, vielleicht doch mehr wert war als die Dinge, mit

denen die Carellas lebten. Zum erstenmal in seinem Leben verspürte er – es war schwer, es in Worte zu fassen – so etwas wie ein *Verlangen nach Gott.* War es das wirklich? Das fehlte gerade noch! Er hätte es niemanden eingestehen wollen. Sehnsucht nach dem Jemand dort oben in der großen Unendlichkeit? Ja, doch. Das war es, diese schreiende Leere in ihm, die ihn sich fühlen ließ wie eine dünne Hülse, die sich um eine Menge Nichts spannte.
Die Welt war krumm und schief – und ebenso sein Leben, gestand er sich ein. Wozu überhaupt das alles? Es gab keinen Grund für irgend etwas. Man war geboren ohne einen besonderen Grund. Zuweilen hatte er gedacht, etwas Ungeheuerlichem auf der Spur zu sein – irgendeiner Idee oder einem Plan für die Zukunft. Aber dann, wenn er es erreicht hatte, was kam dabei heraus? Meistens erwies es sich als eine Seifenblase: das schillernde Gebilde zerging einem unter den Fingern wie nichts. Und nun diese Alaskareise – würde sie sich gleichfalls als ein solch trügerischer Traum entpuppen?
Was für ein Heim – oder Unterkunft – mochte seine Familie ohne ihn wohl aufgetrieben haben? Es gab Augenblicke, da befielen ihn die düstersten Ahnungen. Angenommen, sie hatten in Fairbanks ein Haus gefunden, und es stellte sich heraus, daß die Miete schwindelnd hoch war? Oder angenommen, die Arbeitsplätze waren rar. Würde er nicht dafür verantwortlich sein, daß er die Familie hierherdirigiert hatte?
Zu seiner Überraschung überkam ihn zeitweise ein regelrechtes Heimweh. Nicht nach Norton, sondern nach seinen Leuten. Er konnte es kaum erwarten, sie alle wiederzusehen.

Dann kam der Morgen, an dem sich die „Chilkoot“ der letzten Flußbiegung näherte – der letzten für Gerd, nicht für den Schlepper. Er und die Kähne hatten noch allerhand Meilen zurückzulegen, bis sie das Bering-Meer erreichen würden. Gerds Endstation sollte Tanana sein, wo sich der Tanana mit dem Yukon vereinigte. Wenn sich die Familie auf gleicher Höhe mit der „Chilkoot“ gehalten hatte, würde wohl jemand dort sein, um ihn abzuholen. Und wenn nicht? Nun, er würde sich dem Problem stellen, sofern es tatsächlich eintraf. Er hoffte, die Dinge würden einen glücklichen Verlauf nehmen. Nach der Beschreibung auf der Karte zu schließen, war Tanana eine kleine Stadt mit einer Bevölkerung von rund 350 Seelen. Es führte nur ein Weg von da weiter. Sich vorzustellen, daß man in einem so verlassenen Nest hängenbleiben könnte!

Alles in allem konnte er mit seiner Fahrt zufrieden sein. Er hatte im Klondike Gold gewaschen, nicht weit von Dawson City, diesem schattenhaften Überrest einer einst überaus turbulenten Goldrauschstadt. Er hatte direkt vom Kahn aus nach Lachsen gefischt und auch ein paar ganz schöne Exemplare gefangen. Mit Loomas und Ben hatte er sich im Ringen und sonstigen Kraftproben gemessen. Yin Chow spielte dabei den Schiedsrichter. Auch sonst hatte er mit ihnen allerlei Ulk getrieben, besonders an einigen der Anlegestellen. Zuweilen konnten sie dabei mit den Einheimischen ganz nette Kontakte haben. Regelmäßig hatte er ihnen beim Kistenheben geholfen. Sicher mußte er an den Schultern davon Schwielen bekommen haben. Man konnte jedenfalls nicht sagen, daß er nicht tüchtig mit zugegriffen hätte. Was ihn

SEAR

betraf, hatte er den Eindruck, daß es ihm für sein ganzes Leben reichte. Nicht daß er dazu verpflichtet gewesen wäre. Nein, aber er wollte sich eben erkenntlich zeigen, wenn er schon mit an Bord war.
Was ihm aber am meisten gegeben hatte, waren seine langen Gespräche mit John Groß. Ihn würde er bestimmt vermissen.
Nun schien man sich Tanana zu nähern. Gerds Herz schlug schneller. Die „Chilkoot" ließ einen schrillen Pfiff ertönen.
„Das ist es", hörte Gerd in diesem Moment John Groß' Stimme neben sich. „Tanana. Wie gefällt es dir?"
Es war einer jener bunt zusammengewürfelten Orte, in denen sich die moosbewachsenen alten Blockhäuser selbstbewußt neben den neuen niedrigen Holzhäusern behaupteten. Aber Gerd hatte wenig Zeit, Tanana einer eingehenderen Prüfung zu unterziehen. Er würde diesen Ort ja ohnehin so schnell wie möglich hinter sich lassen. Seine Augen glitten suchend an der Anlegestelle hin.
Wie gewöhnlich stand da eine Gruppe neugieriger Müßiggänger. Ferner Amtspersonen, die sich begrüßen wollten. Des weiteren Geschäftsleute, die auf ihre Ware warteten. Letztere konnte man leicht aus der Menge herausfinden. Ein überaltert aussehender Jeep ließ Gerds schweifenden Blick kaum innehalten, bis er auf einmal den Anhänger bemerkte, der dazugehörte.
Sollte es etwa dieses Vehikel sein, das ihn nach Fairbanks bringen würde? Brucie mochte es jedenfalls so nennen. Diesmal mit Recht. Ein wahres Prachtexemplar von „Vehikel" war das. Aber was hatte das Ganze mit dem Schwarm Jungens zu tun, die ihm oben und seitlich

anhingen, so wie die schwarzen Fliegen an der Reling der „Chilkoot“ geklebt hatten?
Da – jemand kletterte aus dem Jeep. Ach du liebe Zeit! Gerd stöhnte innerlich. Steffi, schlank wie ein Reh! Sie schüttelte ihre Mähne, schaute zu dem hochgewachsenen Jungen neben ihr auf, dann winkte sie wie verrückt. Zu ihm, dem großen Bruder. Er hob zögernd eine Hand hoch als Antwortgruß.
Da sollte einer schlau werden! Was hatte Steffi ganze 250 Meilen von Fairbanks entfernt zu suchen? – Das Schiff zu vertäuen nahm immer einige Zeit in Anspruch. Gerd zeigte keine Eile, von Bord zu kommen. Die meisten von der Mannschaft wußten, daß er sie hier verließ. Sie drängten sich um ihn, um ihm auf den Rücken zu klopfen und ihm Glück zu wünschen. Oder sie schubsten und knufften ihn.
John Groß fehlten mit einemmal die Worte. Seine breite Hand lag schwer auf Gerds Schulter und schien sie nicht loslassen zu wollen. Er würde sie noch tagelang spüren. Loomas boxte ihn vor die Brust genau in dem Moment, als jemand anderer seiner Kniekehle einen heftigen Stoß versetzte.
„Leute, habt doch Mitleid mit mir! Laßt mich noch ein bißchen am Le . . .“
Gerade da sah er einen runden Fleck von schwarzem Fell sich zwischen ihm und Loomas hochbohren. Eine hübsche, solide, fellbedeckte Kugel, die ihm sehr bekannt vorkam.
„Hei, Gerd! Is’ dir gut ’gangen? Häh? Ja? Hast du auch Dickhornschafe gesehen? Wir schon. Wahrscheinlich haben wir mehr Tiere gesehen als du Bären – drei ver-

schiedene Arten, un' Karibu. Mann, da hast du was versäumt! Aber es macht nichts, du kannst es jetzt sehen. Rate mal! Wir haben einen prima Platz gefunden. Auf 'ner Farm. Un' dort gibt es diese Jungs, guck! Das sind sie. Paul ist einfach Klasse. Er ist elf. Un' Dave – na ja, der ist so 'n bißchen zappelig, aber auch 'n wirklich feiner Kerl. Un' . . ."

Eine *Farm!* Gerds Herz fiel ein Stockwerk tiefer. Es war ihm, als stürze er einen meilentiefen Schacht hinunter. Eine Farm. Das war ja die dümmste aller dummen Ideen! Kein Wunder, daß er sich die ganze Zeit über so unbehaglich gefühlt hatte!

Vielleicht war es aber nur ein zeitlich begrenztes Übereinkommen, versuchte er sich zu beruhigen. Möglicherweise konnte er sie noch eines Besseren belehren. Und überhaupt, das war ein Trost: bei seinem Studium würde er ja ohnehin nicht gar zuviel zu Hause sein.

Also war Gerd zunächst einmal hübsch ruhig, wenn schon nicht sichtbar begeistert, als er den Rest der „Sippe" traf. Rawlson war der Familienname. Gerd erstarrte beinahe, als er gewahr wurde, daß sie fünf Brüder waren, und zwar immer schön zwei Jahre im Alter auseinander. Stefanie stellte vor. „Dave, Paul, Rick, Ford – und Steve!" hauchte sie, indem sie die Brüder nach dem Alter gestaffelt nannte. Bei dem letzten Namen hatten ihre Augenlider verräterisch geflattert. Junge, Junge!

„Und das ist mein Bruder Gerd Langford. Aber den zweiten Vornamen lassen wir in der Regel weg. Wir nennen ihn einfach Gerd.

„Das ist gut", sagte Ford Rawlson gedehnt. „*Ein* solches Modell reicht für eine Farm vollkommen aus." Der Spaß

glitt wirkungslos an Gerd ab, aber Brucie und seine beiden „netten“ Busenfreunde konnten eine erstaunliche Menge Saft aus diesem trockenen Witz ziehen.
Gerd betrachtete verstohlen die älteren drei Rawlson-Jungen. Rick, der Paul im Alter am nächsten kam, war regelrechter Durchschnitt, wenn man nach dem äußeren Anschein ging. Mittelgroß, dunkles struppiges Haar und ein Gesicht, das teils mutwillig, teils verstimmt wirkte.
Ford sah aus wie ein übermäßig aufgeschossener junger Hund, der voller Possen und Späße steckte. Er und Steffi scheinen sich im Necken und Lachen überbieten zu wollen. Überhaupt – Steffi! Sie war kaum wiederzuerkennen. Man sollte es nicht für möglich halten, wie ein Mensch sich verändern konnte, dachte Gerd.
Am meisten setzte es Gerd in Erstaunen, welchen Respekt alle diese jungen Rowdys vor ihrem älteren Bruder Steve hatten.
„Okay, Jungs. Nun Schluß mit dem Spaß. Ich bin dafür, daß wir uns erst einmal umschauen, ob wir nicht bald an die Sachen rankommen können. Wenn nicht, würde ich vorschlagen, daß wir gleich zu Mittag essen . . .“
„O ja!“ rief das nette Trio, noch bevor Steve seinen Satz beendet hatte.
„Du wirst staunen, Gerd, was wir mitgebracht haben“, jubelte Brucie.
„Ich hab’ schon auf der ‚Chilkoot‘ gegessen“, murmelte Gerd unsicher.
Das hatte er auch wirklich – allerdings schon vor einigen Stunden. Mittlerweile verspürte er jedoch bereits wieder eine empfindliche Leere in der Magengegend. Doch er würde lieber Hunger leiden als es zugeben!

6. Dirk Senden taucht auf

Wenn es etwas gab, worauf Gerd überhaupt nicht gefaßt gewesen war, dann war es die Veränderung an Stefanie. Es mußte jedermann sonnenklar sein, daß sie für den ältesten Rawlson-Jungen Feuer gefangen hatte.
Verwunderlich war das freilich nicht. Der Junge hatte ein ausgesprochen sympathisches Gesicht. Dunkelgraue Augen schauten einen mit gleichbleibend festem Blick an. Seine freundliche ruhige Art gewann ihm mühelos das Vertrauen, ohne daß er es besonders darauf anlegte. Im übrigen schien er weder besonders draufgängerisch noch schwärmerisch zu sein. Seine jüngeren Brüder dirigierte er mit einer Leichtigkeit, die Gerd unwillkürlich Bewunderung abrang. Er tat es indessen keineswegs auf herrische Art. Dabei schäumten die Rawlson-Brüder fast über vor Temperament. Man merkte, Steve hatte ein System. Ja, das war es wohl.
Aber er war so ernst, zu ernst. Daß Steffi sich in einen achtzehnjährigen Greis verlieben würde, war einfach unglaublich. Bis man sich mit eigenen Augen davon überzeugte. Es mußte an der geringen Auswahl liegen, schloß Gerd.
Nachdem sämtliche Kisten und Kasten verladen waren, drängten sich die fünf Brüder mitsamt den Carellas in den Jeep und zuckelten los. Ein kurzes Stück Fahrt auf einem Landweg brachte sie zu einem Picknickplatz, den Steve schon gekannt zu haben schien. Weiden beschatteten dort das Ufer eines Baches. Jedermann kletterte aus

dem Fahrzeug, und Steffi und Paul packten die zwei Picknickkörbe aus. Man brauchte Gerd nun kein zweites Mal aufzufordern. Er ließ kein Wort mehr fallen, daß er nicht hungrig sei.

Es gab gebratene Hähnchen, frischen Feldsalat, Radieschen, Kartoffelsalat, den Steffi anmachte und mischte, Brötchen und zuletzt auch noch Obsttorte. Man saß oder stand herum und wartete mit dem Gefühl der Vorfreude, wie man sie hat, wenn man regelrecht hungrig ist und weiß, daß man in ein paar Augenblicken ordentlich futtern kann.

„Fertig?“ fragte Steve.

Gerd fing einen sonderbar flehenden Blick von Steffi auf. Was meinte sie damit? Dann spürte er einen heimlichen Stoß von Brucie.

„So machen wir das hier“, flüsterte der kleine Bruder, indem er die Finger verschränkte und den Kopf einzog. Und der jüngste Rawlson sprach ein Dankgebet.

Gerd verbiß sich ein säuerliches Grinsen. Das war es also, was Steffis stumme Bitte meinte – eine Ermahnung: *Lach nicht, Gerd. So machen es die Einheimischen hier. Bitte, mach keine Szene daraus. Du demütigst mich, wenn du es tust.*

So andächtig sich die Rawlson-Jungs noch eben gegeben hatten, so laut und fröhlich waren sie wieder, nachdem das „Amen“ verklungen war. Und ihr Appetit unterschied sich in nichts von dem anderer Jungen. Auch das Geplauder, das bis zur Rawlsonfarm anhielt – und das waren immerhin 220 Meilen Weg! – war durchaus jungenhaft.

Fast widerwillig zollte Gerd der Farm seine Anerkennung. In einigen Meilen Entfernung türmten sich die Berge auf. Das Tal selbst war leichtwelliges Flußterrassenland. Die Rawlsons mußten sich gut stehen. Das sagte ihm schon der erste Eindruck.

Mit angenehmer Sicherheit lenkte Steve den vollgestopften Jeep in einen sauberen Zufahrtsweg ein. Die geräumigen Stallungen zogen den Blick natürlich zuerst auf sich. Dann die Gartenanlagen und Pflanzungen von Fichten, Balsampappeln und Beerenstauden. Als nächstes erblickte er ein stabil gebautes Haus, das in jeder Hinsicht modern wirkte. Der Jeep rollte weiter, einen Weg hinunter und um eine Kurve herum. Da stand hinter einer Schutzwand von Bäumen das Blockhaus.

Nicht schlecht, gestand sich Gerd ein. Auf eine Art sogar malerisch. Nur – wie seine Mutter von der Idee, in einem Blockhaus zu wohnen, angetan sein mochte, stand freilich auf einem anderen Blatt. Obschon natürlich ihr Haus in Norton auch kein Palast gewesen war.

Der Jeep hielt vor der Holztreppe. Die Jungen sprangen heraus und drängten sich zu beiden Seiten des Anhängers.

„Langsam, langsam", rief ein hochgewachsener Mann – ein älterer Steve gewissermaßen und ganz unverkennbar der Vater der Sippe. Er war zusammen mit Gerds Eltern aufgetaucht und begrüßte den Neuankömmling herzlich. Im Gegensatz dazu war die Begrüßung der Carellas beinahe kühl, wenigstens äußerlich.

„Na also, Gerd. Da bist du ja. Wie war die Fahrt?" sagte Mutter Carella leichthin. Dann begann sie, ohne eine Antwort abzuwarten, das Abladen des Hausrats in die Hand zu nehmen.

„Hallo, Junge“, sagte Vater Carella leise. Doch in seinen Augen war ein Glanz, den Gerd nie zuvor darin gesehen hatte. „Es ist ganz gut angelaufen“, fügte er ruhig hinzu. Während der nächsten Stunde nahm Gerd nicht viel anderes wahr als das Scharren und Schlurfen von Füßen und den Druck auf Rücken und Schultern, da er die schwereren Stücke tragen half. Jeweils zwischen Hin- und Rückweg nahm er das neue Heim in näheren Augenschein. Erstaunlich geräumig, altmodische Tapeten, aber im großen und ganzen recht passabel. Irgendwie sogar gemütlich. Gestrichener Bretterfußboden, bedeckt mit großen ovalen Teppichen. Ein Kamin, in dem ein ordentliches Holzfeuer prasselte. Fließendes Wasser gab es auch, und ebenso elektrisches Licht. Nicht schlecht, soweit er bis jetzt feststellen konnte.
Ein- oder zweimal wechselten er und seine Mutter forschende, fragende Blicke. *Wie werden wir Carellas hier hereinpassen?* schienen sie zu sagen.
Frau Rawlson, eine fröhlich aussehende Frau, kam und brachte ihnen einige zugedeckte Schüsseln mit heißen Speisen fürs Abendbrot. Ein Karibu-Ragout, überbackene Kartoffeln und verschiedene Gemüse aus dem Garten. Und Gerd entdeckte, daß zum Haushalt der Rawlsons nicht nur Jungens, sondern auch ein kleines Mädchen gehörte. Gewissermaßen ein weibliches Schlußlicht nach all den Jungen. Das lockige Haar, offensichtlich von der Mutter geerbt, bildete bei ihr allerdings einen wirren Wuschelkopf.
„Das ist Fräulein Holterdipolter“, rief Brucie, als das Mädchen Glenda auf der Bildfläche erschien. „Hallo!“
„Hallo, du“, sagte die Achtjährige munter. Sie war der

Liebling und der Quälgeist der Rawlsons, wie Gerd nicht viel später erfuhr.
Die Jungen brannten schon darauf, Gerd herumzuführen und ihm alles zu zeigen. Am ungeduldigsten schien freilich Brucie.
„Es ist noch genügend Zeit bis zum Abendessen", gab die Mutter kurz ihre Zustimmung.
Das „nette Trio" schwatzte drauflos, während die Kinder um und neben Gerd herumtollten, trabend, hüpfend, zurücklaufend, jeder die anderen im Reden überschreien wollend. Zwei Hunde, ein würdiger Eskimohund und ein sehniger Terrier, trugen auch noch zu der stürmischen Bewillkommnung bei. Ein geisterhafter Pfeifton ließ Gerd sich umsehen. Er schien von „irgendwo und nirgends" zu kommen und war der komischste Ton, den er je gehört hatte. Fast übernatürlich.
„Laß nur, Geordie", sagte Brucie und streichelte den Kopf des Eskimohundes. „Wir sind bald wieder zurück. Sag, Gerd, wußtest du, daß Eskimohunde nicht bellen können?"
Gerd hatte das Gefühl, daß er sich irgendwie zu so einem schönen Milchbetrieb äußern müßte. Ein Stall voll Kühe war immerhin ein sehenswerter Anblick, wenn man dafür einen Sinn hatte! Im stillen wunderte er sich über seinen Vater. Er hatte sich immer vorgestellt, sein Vater sei der letzte, der sich auf einer Farm zu Hause fühlen würde. Aber da ging er – er, der nie in seinem Leben einen Bauernhof von innen gesehen hatte, wie selbstverständlich zwischen den Milchköniginnen hin und her, tätschelte ihre Flanken, redete mit ihnen, während er die Eimer anbrachte. Die Entdeckung amüsierte Gerd.

Sein Vater war ein veränderter Mensch. Er wirkte irgendwie befreit. Lebendiger. Was hatte den Wechsel herbeigeführt? Die Änderung des Berufs? Vielleicht. Oder einfach der Umstand, daß ihm hier eine gewisse Selbständigkeit eingeräumt war? Oder hatten es die Rawlsons bewirkt – mit ihrer Religion gar?

„Mutter, was ist geschehen?“ verlangte Gerd bei der erstbesten Gelegenheit zu wissen. „Wie ging es zu, daß wir in diesem abgelegenen Waldidyll gestrandet sind?“

„Ich dachte mir's schon, daß es dir sonderbar vorkommen würde“, sagte sie mit erstickter Stimme. „Es ist durch und durch kurzsichtig von deinem Vater – und so völlig unnötig.“

Dann hörte er alles. Die Carellas waren ohne jeden Zwischenfall in Fairbanks angekommen, erzählte sie ihm. Sie schrieben sich in einem Motel ein und entschieden, daß sie sich als erstes am nächsten Morgen nach einer Wohnung oder einem Haus umsehen würden. Um damit schneller voranzukommen, waren sie und Vater getrennt losgezogen – und das war der Fehler gewesen.

„Wie sollte ich das aber auch ahnen können!“ Es klang ratlos und empört. „Wie dein Vater das machen konnte? Er lief an der Tankstelle, wo er den Wagen überprüfen ließ, Herrn Rawlson in die Hände, der zu demselben Zweck dort war. Der bot ihm den Job an, und Vater griff gleich zu.“

„Einfach so mir nichts, dir nichts?“

„Ja. Blindlings. Nun, es sind einige Vorteile damit verbunden, das will ich gern zugeben. Es hat keinen Zweck, das zu leugnen. Wir haben zum Beispiel die Wohnung umsonst, so wie sie eben ist, und können so viel Milch,

Butter, Eier und Gemüse aus dem Garten haben, wie wir brauchen."

Gerd stieß einen leisen Pfiff aus. „Tatsächlich? Das ist ja eine ganz schöne Hilfe."

„Der Lohn ist auch recht gut, unter Berücksichtigung aller Umstände." Man konnte sich darauf verlassen, daß Mutter in ihrem Urteil gerecht war, das wußte er. „Die kräftige Luft und viel Platz zum Spielen für Brucie und Lorraine kamen dazu. Ich gestehe, daß ich zunächst selbst meinte, es sei keine schlechte Idee. Wenn es Vater danach verlangte, ein Lohnarbeiter zu werden – na schön, dann war das seine Sache. Zudem hatte ich bereits eine Stelle im Krankenhaus von Fairbanks an der Hand, die mir Spaß gemacht hätte. Da mich auch eine Nachbarin täglich mit nach Fairbanks und zurück hatte nehmen wollen, schien wirklich ein Steinchen zum anderen zu passen. Anfangs hielt ich auch die Kinder für gut aufgehoben hier, wenn ich in Fairbanks war. Aber heute bin ich mir nicht mehr so sicher, ob unsere Kinder bei den strenggläubigen Rawlsons ‚gut' aufgehoben wären. Ich befürchte, daß ihr Einfluß in meiner Abwesenheit so stark werden könnte, daß mir die Kindererziehung aus den Händen gleiten muß. Aus diesem Grunde habe ich nicht gewagt, die Stelle in Fairbanks anzutreten. Kannst du das verstehen?"

„Na und ob! Soll ich Vater daraufhin ansprechen?"

„Du kannst es ja versuchen. Aber ich glaube nicht, daß du das mindeste erreichst. Es ist ein komisches Gefühl, wenn man zusehen muß, wie sich vertraute Menschen in wenigen Wochen so ändern, daß du meinst, es seien Fremde!"

Sie hatte es also auch bemerkt. Es muß sie schwer getroffen haben. Sie mußte sich ja total überrannt und festgefahren vorkommen. Aber für ihn kam das nicht in Frage. „Nein, mein Herr! Da haben Sie sich geirrt." Er würde die erste Gelegenheit ergreifen, die sich ihm bot, und nach Fairbanks gehen, um sich nach einem Ferienjob umzuschauen. Oder noch besser: Warum nicht eine Möglichkeit suchen, an einem Sommerlehrgang teilzunehmen? Nicht übel, der Gedanke.

Seine Eltern stimmten ihm zu, als er es ihnen vortrug. Sie meinten, er hätte ja eigentlich noch Ferien. Aber wenn ihm seine Yukonfahrt ausreichte – schön, es stehe ganz bei ihm, was er mit dem Rest seiner Ferien machen wollte. „Ein vernünftiger Gedanke auf jeden Fall", bemerkten sie anerkennend.

So kam es, daß Gerd ein oder zwei Tage später mit Steve Rawlson nach Fairbanks fuhr. Der Altersunterschied zwischen ihnen betrug nicht einmal ein Jahr. Wenn nicht die Religiosität der Rawlsons als Trennwand zwischen ihnen gestanden hätte . . . Es schien tatsächlich so, als ob gläubige Christen eine schicksalhafte Anziehung auf ihn ausübten, ging es Gerd durch den Kopf. Man brauchte nur an Sammy Sikorski zu denken. Und nun war er auf dem besten Wege, wieder einen dieser Sorte zu mögen.

Er versuchte, sich vor sich selbst zu rechtfertigen. Das Boot war schuld daran, sagte er sich. Es hatte seinen inneren Widerstand zum Schmelzen gebracht.

Steve hatte ihn nämlich am Abend zuvor in seine Werkstatt eingeladen. Gerd begriff, daß das eine besondere Ehre war. Von Steves Brüdern war es einzig Ford einmal erlaubt worden.

Gerd war skeptisch: „Du meinst, sie kommen nicht heimlich herein?!“
„Nicht, seitdem ich angefangen habe das Boot fertigzustellen. Es ist besser, sie bleiben weg. Stell dir vor, sie würden hier herumrennen und Staub aufwirbeln, gerade jetzt, wo alles noch frisch und feucht ist!“
Der Gedanke war in der Tat unerträglich. Denn das Boot *war* ein Klasse-Boot, ein Prachtstück! Beinahe fünf Meter lang, schön proportioniert und liebevoll und sorgfältig konstruiert. Als Gerd die „Ptarmigan“ („Schneehuhn“) zum erstenmal sah, entschlüpfte ihm ein langer bewundernder Pfiff.
„Wann wirst du sie einweihen?“
„Ach, noch nicht so bald. Sie hat noch 'ne Menge Arbeit nötig. Schmirgeln und streichen, weißt du. Das kostet noch allerhand Ellbogenschmiere.“
Sie machten sich schon in der darauffolgenden Stunde an die Arbeit und waren bald ganz davon in Anspruch genommen. Zuletzt verspürte Gerd fast so etwas wie Neid, was ihm noch nie zuvor passiert war. Wie er erfuhr, hatte Herr Rawlson am Anfang tüchtig mitgeholfen und auch versprochen, einen Innenbordmotor zu kaufen.
„Ich bin froh, daß ihr gekommen seid“, sagte Steve mit einem freundlichen Blick. „Wir werden im nächsten Sommer mit dem Boot auf dem Tanana sooft fahren können, wie es uns Spaß macht!“
„Gut möglich!“
Mittlerweile hatte sich Gerd auf den Weg gemacht, Erkundigungen über die Sommerlehrgänge einzuholen. Wenn er sich einschrieb, würde er wenig Zeit zum Bootfahren haben.

Vor dem Postamt in Fairbanks wartete Gerd im Wagen auf Steve und konnte in Muße die Leute beobachten, die vorübergingen. Plötzlich gab es ihm einen Ruck. Er setzte sich unwillkürlich aufrecht. Der Mann, der da eben näherkam – diese Figur, diese Bewegung der Schultern, das konnte niemand anderes sein als Dirk Senden! Ja, er war es!

„Dirk!" So schnell, wie es ihm möglich war, drehte er das Fenster herunter. „Dirk Senden!"

Der Mann fuhr herum. Gerd öffnete die Tür und fiel dabei in seinem Eifer fast auf den Gehsteig. Ein Paar arrogante Augen, die ihm noch in lebhafter Erinnerung waren, starrten ihn an. Eine Sekunde lang flackerte darin ein Schimmer des Erkennens. Dann wurde das Gesicht ausdruckslos.

„Haben Sie jemand gerufen?"

„Ja, Sie. Sie sind Dirk Senden, nicht wahr?"

Der Angeredete schüttelte den Kopf und tat erstaunt.

„Senden? Senden? Muß ein Irrtum sein. Tut mir leid. Ich habe nie von jemand gehört, der so heißt." Damit wandte er sich ab und ging mit raschen Schritten weiter.

Gerd schlug sich mit der Faust auf den linken Handteller. Der Mann log! Seine Augen widersprachen dem, was sein Mund sagte. Das Erkennen war gegenseitig gewesen. Gerd war dessen sicher.

Was nun? Wenn der Mann nicht gefunden werden wollte, warum sich dann noch länger nach ihm die Hacken ablaufen?

„Sammy, ich hab's versucht", murmelte er. „Ich hab's wirklich versucht. Soll er doch weiter herumrennen, wenn er unbedingt will. Ich werde mich hüten, noch

einen Finger krumm zu machen, um mit ihm Verbindung aufzunehmen."
Da kam Steve zurück. Sie fuhren zur Universität. Gerd war im College für Kunst und Wissenschaft angemeldet und sollte beim Dekan vorsprechen. Im Büro verhandelten sie dann über Kurse, Lehrgangsgebühren und Zahlungsweise. Mitten im Gespräch erwähnte der Dekan einen Jagdausflug, den er mit zwei Freunden von der Fakultät geplant hatte. Jagen mit Kameras. Das Interesse des Dekans schien mehr diesem Treffen und den Vorbereitungen dazu – wie Packen der Ausrüstung und so weiter – zu gelten als den besprochenen Kursen.
Er und seine Freunde wüßten einen erstklassigen Platz für Kameraenthusiasten, erfuhr Gerd sodann. Der See heiße „Dewdrop Lake"[1].
„Es ist schwierig, dort hinzukommen. Das Tal ist sehr eng. Aber wir haben den besten Buschpiloten engagiert, den es hier im Norden gibt – Dirk Senden. Ein richtiger Draufgänger. Man muß es aber auch sein in diesem Beruf."
Dirk Senden! Vor einer halben Stunde hatte Gerd ihn für immer aus seinem Leben gestrichen.
„Sie werden wahrscheinlich niemand sonst auf die Expedition mitnehmen, vermute ich."
„Sind Sie etwa daran interessiert? Fein!" Dekan Grahams Augen leuchteten auf. „Ich denke, wir könnten ganz gut noch jemand gebrauchen. Es ist ein herrlicher Sport, ein interessantes Hobby, das Jagen mit der Kamera. Wie wollen wir es also halten?"

---

[1] Tautropfen-See

„Äh – wieviel würde der Ausflug denn kosten?“ Er müßte sich eben eine Kamera ausleihen oder jemand darum bitten.
„Es kostet uns hundert pro Kopf – einschließlich der Verpflegung, wissen Sie.“
Gerds Mut sank. Bedauernd schüttelte er den Kopf. Zuviel, selbst wenn er's Sammy zuliebe tat – wenn man eine magere Brieftasche hatte. Ganz gewiß aber zuviel für Sammys sturen Bruder.
Dekan Graham beobachtete ihn nachdenklich und trommelte dabei mit den Fingern auf die Schreibtischplatte.
„Würden fünfzig eher Ihren Vorstellungen entsprechen?“
„O ja, das denke ich wohl.“ Immer noch eine hübsche Summe für ein paar Ausflugstage, dachte Gerd. „Ich – ich werde es Sie morgen wissen lassen, ob ich den Betrag aufbringen kann“, sagte Gerd und erhob sich. „Ist es Ihnen recht so? Und auf jeden Fall vielen Dank!“
„Ich hoffe wirklich, daß Sie mitkommen können. Es würde Ihnen gewiß nicht leid tun, das verspreche ich Ihnen. Wir werden wunderbare Aufnahmen machen!“ –
Es ergab sich irgendwie, daß Gerd auf dem Heimweg zur Farm die ganze Sache mit Steve besprechen konnte. Zuerst erzählte er von seiner Freundschaft mit Sammy. Dann von Sammys Unfall und Tod. Und schließlich von seiner Suche nach Sammys Bruder.
Steve betrachtete ihn mit neuem Respekt. Gerd fühlte sich ermutigt, weiterzusprechen.
„Sicher, er bringt mich auf die Palme mit seinem arroganten Gehabe, das will ich nicht leugnen. Trotzdem

möchte ich es nicht aufgeben, ihm die Nachricht zu überbringen, wie ich es versprochen habe. Aber in der Hauptsache tue ich es Sammys wegen."

„Natürlich."

„Wenn ich mein Stipendium ausbezahlt bekäme, würde ich an der Foto-Safari teilnehmen."

„Denkst du, daß es deine Eltern erlauben? Übrigens, mit dem Geld – das ist keine Schwierigkeit: ich borge dir die fünfzig", sagte Steve unerwartet. „Bestimmt. Ich meine es wirklich so."

„O weh! Ich hatte natürlich nicht die Absicht, dich anzubetteln . . .!"

„Das weiß ich. Das Angebot gilt trotzdem."

„Schön. Wenn es Vater nicht möglich ist . . . Wollen sehen. Und danke . . .!"

7. Am Dewdrop Lake

Gerd erschien zur verabredeten Stunde am Flußhafen. Er trug seine Ausrüstung, zu der eine geliehene Leica und einige Filme gehörten. Senden war damit beschäftigt, das Gepäck in seine Cessna 185 zu verladen. Gerd kostete diese Augenblicke des Triumphs aus. Dirk warf ihm einen sonderbaren Blick zu, der zu sagen schien: *Wage es nicht noch einmal!* Eine flüchtige Röte erschien auf seinem Gesicht. Dann setzte er seine Arbeit fort.

„Der Junge geht am besten nach hinten“, riet er in unpersönlichem Ton.

Dekan Graham stellte Gerd seinen beiden Freunden vor. Professor Entner von Geophysischen Institut in Fairbanks war ein traurig wirkender hagerer Mann mit grauem Haar und ebensolchen Augen; auch das hohlwangige Gesicht schien einen gräulichen Schimmer zu tragen. Gerd fand bald heraus, daß er die zwerchfellerschütterndsten Witze reißen konnte, ohne auch nur im geringsten eine Miene zu verziehen. Sogar der melancholische Blick wich dabei nicht von seinem Gesicht. Professor Slavanko vom Bergbau-College war im Gegensatz dazu ein kleiner dicker Mann mit einer Glatze, die jedoch von einigen wirren Büscheln ergrauten Haares bekränzt war. Er kicherte, wenn er lachte, was er bei jedem Entner-Witz tat. Dekan Graham war derjenige, der durch geschickte Bemerkungen, die er dann und wann fallen ließ, beide in Schwung hielt.

Es war Gerds erster Flug, und über eine stets wechselnde

Landschaft zu fliegen, war ohne Frage ein faszinierendes Erlebnis. Finster blickende Berge, die es ihnen zu verübeln schienen, daß sie so leicht über ihre ehrwürdigen Häupter und steilen Abgründe hinwegglitten, ließen das Herz des Jungen unwillkürlich schneller schlagen. Dazwischen lagen Flußtäler, die im Sonnenschein träumten und aussahen, als hätte sie von Anbeginn der Zeiten nie eines Menschen Fuß berührt. Gerd nahm sich vor, diese so ungewöhnliche Ferienzeit recht zu genießen. Sie kostete ihn ja auch eine schöne Stange Geld – trotz des halben Preises.

Sein Vater war ohne weiteres bereit gewesen, ihm das Geld zu borgen. Und zudem hatte Gerd das tröstliche Bewußtsein, daß er es um Sammys willen tat. In einem Fünf-Mann-Lager sollte es leicht sein, Senden ein für allemal in die Enge zu treiben. Er konnte warten.

Die drei gelehrten Freunde hatten aufgehört, Witze zu erzählen und spähten jetzt angespannt hinaus.

„Da ist er“, sagte Dekan Graham mit Befriedigung.

„Sie haben recht.“

„Dort, Gerd, schauen Sie da rechts hinüber.“

Ein runder See, umgeben von überstehenden Felszacken und Wänden von Pappeln und Weiden. Gerd hielt den Atem an, als Senden zum Landen ansetzte. Der Mann verstand sein Geschäft. Er zog einen Kreis, ging in die Schräglage, fiel – sein Anflug war glatt. Sie setzten auf dem Wasser auf, fast ohne es zu spüren.

Es mag einen guten Grund dafür gegeben haben, warum Dekan Graham so bereitwillig gewesen war, Gerd mitzunehmen. Gerd und Senden fiel die Hauptarbeit beim Errichten des Lagers zu. Die witzemachenden Freunde

saßen derweil auf Felsblöcken und warfen ihre Fischnetze aus. Es war geradezu phantastisch. Riesige, gräulich schimmernde Forellen, prächtige Lachse – sie alle schienen nur Lust auf eines zu haben: so schnell wie möglich in Netz und Bratpfanne zu hüpfen.
Und Gerd schwitzte, während er zwei Zelte auf die kleine Wiese schleppte. Das kleinere gehörte Senden. Er wählte seinen Platz sorgfältig aus. Gerd vermutete, daß er wahrscheinlich gern die Wellen ans Ufer klatschen hörte, denn genau dort sollte sein Zelt aufgestellt werden, entschied er.
Sodann wurde Gerd mit allerlei kleineren Arbeiten in Trab gehalten. Es mußte eine Feuerstelle aus Steinen im Freien aufgebaut, Brennholz zusammengetragen und ein Feuer entfacht werden. Danach schnitt er Fichtenzweige zurecht, die als Unterlage für die Schlafstätten dienen sollten.
„Drei Haufen in das große Zelt, Junge. Zwei in das kleinere“, ordnete Senden an.
„Hier, Junge, greif mal zu, wenn es dir nichts ausmacht. Wie wär's, Jungchen, wenn du dich dann auf die Socken machtest?“
„Ich heiße“, sagte Gerd in extra freundlichem Ton (er wollte sich Sendens Art nicht auf die Nerven fallen lassen), „ich heiße Gerhard und werde kurz Gerd genannt.“
„Was du nicht sagst! Schön, Gerhard, kurz Gerd genannt, ich nehme an, damit hat sich's fürs erste. Ich werde mich um den Kaffee kümmern. Professor Entner wird sicher wie üblich den Fang braten.“
Als der Fisch-Schmaus vorüber und die Teller ausge-

spült und abgetrocknet waren, zeigten ihre Uhren halb elf. Der leuchtende Himmel sprach dem zwar hohn, aber alles in allem waren die Zeltler bereit, mit ihren Uhren einigzugehen.

Dies war der Augenblick, wo sich die Frage erhob, wer wo schlafen sollte. „Der Junge kann mit in mein Zelt kommen", bot sich der Pilot an.

„Schön. Damit ist alles klar. Hier ist Ihr Schlafsack, Gerd."

Noch immer vor Überraschung ganz verwirrt, fing Gerd den Schlafsack auf und setzte sich zu Sendens Zelt in Marsch. Schon davor hatte er sich gewundert, warum Senden sein Zelt so weit von dem anderen entfernt aufstellte. Jetzt dämmerte ihm eine Ahnung auf, was möglicherweise der Grund gewesen sein konnte.

Seine Unterlage aus Fichtenzweigen stach ganz schön, als er in den Schlafsack kroch. Sobald er jedoch erst einmal drin war, kam ihm das Ganze beinahe wie eine fürstliche Lagerstatt vor. Er streckte sich wohlig aus und genoß dieses Gefühl. Indessen war er noch weit davon entfernt, sich entspannt zu fühlen. Senden hatte bisher noch kein Wort gesprochen. Auch Gerd nicht. Er wartete. Doch nichts geschah.

Ab und zu konnte er das Lachen der Männer vom anderen Zelt her hören. Schließlich aber verstummte auch das, und es legte sich Schweigen über das Lager.

Eine Nacht in der Wildnis. Es war keine absolute Stille. Sie hatte ihre eigenen Laute und Töne, die er noch nicht kannte. Doch trotz des taghellen Lichts und der ungewohnten Umgebung duselte Gerd allmählich ein. Da schreckte ihn das Flüstern seines Zeltgefährten auf.

„Okay, Junge, mach deinem Herzen Luft. Was ist der Grund, daß du hinter mir her bist?“
„Hinter Ihnen her? Dann haben Sie meinen Brief also doch bekommen?“
„‚Meinen Brief‘ sagt er! Mir scheint, es waren Dutzende davon.“ Gerd meinte, das sei leicht übertrieben. So viele hatte er doch nicht geschrieben. „Und in allen stand das gleiche Gefasel drin. Bin ich dieser Kerl Sikorski? Bin ich . . .“
„Also dann, sind Sie es?“
„Nein!“
„Okay, dann sind sie es eben nicht. Aber –“ Gerd machte eine Pause, dann sagte er langsam und mit Nachdruck: „Aber ich glaube immer noch, daß Sie es sind!“
„Ach, du bist meschugge . . .“
„Warten Sie, lassen Sie mich fertigreden. Ich muß diesen Auftrag ausführen. Es ist meine Pflicht. Sammy – war – mein bester – Freund . . .“ Der lästige Kloß in seinem Hals machte sich wieder bemerkbar. Er konnte nicht mehr weitersprechen.
Das Schweigen wurde von Senden abrupt unterbrochen. Seine Stimme klang rauh.
„Was hat dir der Dummkopf erzählt?“
Gerds Herz tat einen Sprung. „Über S . . . – über seinen Bruder, meinen Sie? Er war ganz durcheinander wegen ihm, geradezu außer sich. Ich konnte nie einsehen, daß er einen Grund dazu hatte. Einen älteren Bruder zu lieben, der von einem wegläuft und einen allein mit der Welt zurechtkommen läßt! Fiele mir nicht im Traum ein. Aber Sammy tat es. Freilich, Sammy war eben Sammy. Nach seiner Schilderung konnte es kein Bursche mit die-

sem genialen Bruder aufnehmen. Keiner war so klug, so gut, so mitfühlend, so mutig . . ."

Gerd hörte einen Ton wie von jemand, dessen Kehle wie zugeschnürt war und der es nicht länger ertragen konnte – nur kam er diesmal nicht von ihm selbst. Ein Seitenblick zeigte ihm, daß Senden mit weit aufgerissenen Augen zur Zeltspitze emporstarrte, während ihm die Tränen über das Gesicht und von der Wange ins Ohr liefen.

Als Gerd wieder zum Sprechen ansetzte, bemühte er sich, seiner Stimme einen ruhigen Klang zu geben. Er erzählte von dem Unfall und weshalb Sammy ums Leben gekommen war, berichtete, daß er in dieser letzten Minute seines Lebens eine Entscheidung traf, durch die er das Leben eines Kindes rettete und seines verlor. Dann beschrieb er die Begräbnisfeier und erwähnte dabei wie noch einmal Sammys Stimme erklang.

Dann brachte Gerd seinen Köder ins Spiel. „Ich hab' etwas von Sammy. Man hat es mir gegeben, weil er keine Verwandten hatte, wissen Sie. Es ist seine Bibel."

Wieder kam ein Ton von Senden – so ähnlich wie ein Schneuzen.

„Ich lese sie nicht", sagte Gerd. „Aber Sammy liebte das Buch. Ich dachte, wenn ich seinen Bruder Dick fände – wenn das jemals derFall sein sollte – wird er sie vielleicht gern haben wollen – so als Andenken. Hab' sie sogar jetzt bei mir."

Er wartete, jedoch vergeblich. Es fand sich kein Abnehmer.

In den darauffolgenden Tagen kam Senden nie mehr auf die Angelegenheit zurück. Sie schien für ihn abgeschlos-

sen. Sein Gesicht glich einer Maske. Er war überhaupt eine eigentümliche Mischung: das eine Mal barsch, und dann wieder hilfsbereit. Gerd hatte keine Ursache, von der Kamerajagd enttäuscht zu sein. Er lernte eine Menge Neues. Auch Dirk machte sich die Mühe und gab ihm Tips in bezug auf Licht und Entfernungseinstellung und anderes. Allerdings wurde er leicht ungeduldig, wenn man ihn bat, etwas zweimal zu erklären. Doch konnte er mit Kameras umgehen, das mußte man ihm lassen. Auf seine kurzangebundene Art versuchte er Gerd jedenfalls in vielem nützlich zu sein.

Der kahlköpfige Professor Slavanko übernahm die Aufgabe, Gerd in die Kunst einzuführen, wie man sich an das Wild heranpirscht.

„Werde niemals nervös, Gerd. Und nicht zuviel Körperbewegung. Kauere dich nieder, so, die Hände auf die Knie." Es war direkt ein Kunststück für den dicken Mann, ihm das vorzuführen. „Wenn du gehst, bewege dich ganz natürlich. Auf grasbewachsenen Flächen denk daran, die Fersen zuerst aufzusetzen. Auf steinigem Boden zuerst die Zehen."

Gerd lernte sorgfältig den Hintergrund aussuchen, probierte wie man den Schatten benutzt und sich von Felsblock zu Felsblock bewegt. Er lernte um ein Felsstück herumspähen, nicht oben darüber, und auf seinen eigenen Schatten achten. Ein sich bewegender Schatten kann einem das Wild verscheuchen, auch wenn man selbst vollständig verborgen ist.

„Eine gute Idee ist auch, wenn Bäume da sind, einen Zweig vor dir herzutragen. Aber erstarre augenblicklich zu Stein, wenn das verfolgte Wild zu dir hinschaut."

Unter den drei älteren Jägern herrschte große Rivalität, die besten Schnappschüsse zu bekommen. Außerdem wetteiferten sie darin, das Wild als erster zu erspähen und es zu benennen. Es war jedoch Gerd, der den einsamen Ziegenbock auf einem Felsvorsprung als erster erblickte.

Um die Wahrheit zu sagen: seine Entdeckung wurde zuerst mit einem ungläubigen Gelächter aufgenommen. Ziegen gäbe es keine so weit im Innern. Außerdem lebten sie in Herden. Man sehe sie fast nie allein.

Nachdem sie dem Neuling das alles erklärt hatten, richtete jeder von ihnen seinen Feldstecher auf die von Gerd bezeichnete Felsspitze und – ein Chor von erstaunten Ausrufen war das Ergebnis.

„Seht doch mal die Hörner von dem Kerl! Überdurchschnittliche Größe, sollte mich nicht wundern."

„Entschuldigen Sie, Gerd. Es ist tatsächlich ein Ziegenbock. Kaum zu glauben. Ein Patriarch."

„Wahrscheinlich ist er von einem jüngeren Bock aus seiner Führerrolle bei der Herde verdrängt worden. Nur die alten und behinderten sind zur Einsamkeit verdammt."

Für richtige Jagd war es die falsche Jahreszeit. Also mußten sie die Trophäe jemand anderem lassen. Und trotz all ihrem vorsichtigen Herumklettern gelang es keinem von ihnen, in geeignete Bildnähe des bärtigen Gesellen zu kommen.

Es war wiederum Gerd, der unverhofft eine Elchkuh und ihr Junges auf zwanzig Schritt Entfernung ausmachte. Er stand augenblicklich wie zu Stein erstarrt. Und das mit Recht, denn er war so erschrocken, daß er sich nicht die geringste Bewegung zu machen getraute. Eine Elchkuh, die ihr Kalb dabei hat, kann gefährlich werden. Er tat das Klügste, was er unter diesen Umständen tun konnte. Sein starrer Blick hielt Mutter und Kind lange genug für ihn fest, daß er langsam – ganz langsam – seine Kamera heben und knipsen konnte. Diese Handbewegung sollte sich als ein Meisterschuß herausstellen. Nach einer Weile zogen die beiden Tiere weiter und befreiten Gerd von den unsichtbaren Ketten, die ihn auf der Wiese hatten Wurzeln schlagen lassen.

Der tägliche Arbeitsplan im Camp Dewdrop war nichts weniger als regellos. Eine Uhr bedeutet wenig, wenn das Tageslicht nie schwindet. Für Kamera-Enthusiasten war jede Stunde eine ideale Zeit. Sie fischten, wenn ihnen danach zumute war – und wenn die Fische anbissen. Sie aßen, wenn sie sich hungrig fühlten, und schliefen, wenn sie vom Klettern müde geworden waren. Es gab auch lange Gespräche am Lagerfeuer oder bei ihrem unvermeidlichen Fischschmaus.

Seelachse, nicht länger als 35 Zentimeter, ergaben ein ausgezeichnetes Essen. Aber Gerd kam dennoch der Gedanke, daß man des Guten auch zuviel bekommen konnte.

Die übrigen schienen um diese Zeit zu demselben Schluß gekommen zu sein. Eines schönen sonnigen Abends hatten sie auf einmal alle genug. Nicht bloß vom Fischessen. Nein. Von den Moskitos, den zerkratzten und zerschundenen Knien, der Abgeschiedenheit der stets gegenwärtigen Wildnis, dem Hocken an einem rauchigen Lagerfeuer.

Das Lager abzubrechen, war einfach und schnell besorgt. Weniger leicht dagegen war, aus dem Dewdrop

Valley wieder herauszukommen. Gerd machte sich insgeheim Gedanken, ob und wie sie es schaffen würden. Die Felszacken standen hoch und dicht beieinander.
Senden hatte die Lösung. Er würde sie auf zweimal hinausfliegen. Einfach deshalb, weil dann die Last leichter war. Dekan Graham und Professor Slavanko sollten als erste drankommen.

„Ist doch nicht die Möglichkeit!" entfuhr es Gerd ein paar Minuten später, als er beobachtete, wie das Flugzeug mit Dirk am Steuer einen Kreis auf dem See beschrieb, wobei es das Wasser schnitt. Aber natürlich! Kabbeliger Wellenschlag bietet einem startenden Wasserflugzeug weniger Luftwiderstand als eine glatte Wasseroberfläche. Da der Wind an diesem geschützten See nicht mithalf, erzeugte Dirk seinen Wellengang selbst.

Da! Das Flugzeug drehte, hob sich über die Bäume empor und verschwand hinter der nächsten Felsspitze ... Es mußte an einem zugänglicheren Gewässer in der Nähe gelandet sein. Nach fünfundvierzig Minuten kam Senden zurück, um die beiden anderen Passagiere zu holen.

Gerd kam mit gemischten Gefühlen in Fairbanks an. Er hatte eine großartige Ferienzeit gehabt und eine Menge über das Leben des Wildes und wie man wirkungsvolle Aufnahmen machte, gelernt. Auch ganz allgemein hatte er einen schönen Erfahrungsschatz über Alaska, seine neue Heimat, gesammelt. Also – warum das flaue Gefühl? War er in seinem hauptsächlichen Anliegen weitergekommen? Würde Sammy das meinen? Wußte er jetzt mehr über Dirk, als er schon vorher gewußt hatte? O ja,

ein wenig. Aber nicht viel. Obgleich sie fast eine Woche lang miteinander das Zelt geteilt hatten!
Das Milchauto setzte Gerd bei den Rawlsons ab, als die Carellas sich gerade am Frühstückstisch niederließen.
„Wie gut, wieder zu Hause zu sein!“ rief er schon an der Tür aus und dehnte sich wohlig.
Es fiel ihm auf, daß ihn die Gesichter um den Tisch alle auf ganz verschiedene Art erstaunt ansahen: der eine erfreut, der andere erschrocken, der dritte belustigt und der Rest triumphierend. Und plötzlich wurde sich Gerd bewußt, was er gesagt hatte. Er hatte diesen Ort *Zuhause* genannt. Na und – warum nicht? Es klang so wohltuend, nachdem er eine Zeitlang herumgestrolcht war. Oder so kam es ihm jedenfalls vor.
Sein Vater nickte, noch immer lächelnd. „Es wächst einem ans Herz, nicht wahr?“
Das Gesicht seiner Mutter aber nahm den schon bekannten „Ich-will-tapfer-sein-und-es-durchstehen“-Ausdruck an. „Setz dich, Gerd. Wir warten schon alle.“
Stefanie lächelte geheimnisvoll. Bruce platzte beinahe vor Ungeduld, über ihn herzufallen und ihn auszufragen, was er alles gesehen und gemacht hatte.
„Guten Erfolg gehabt?“ fragte sein Vater ruhig.
„Ich denke schon. Ist das Schweinespeck? Sieht gut aus.“
„Das ist Karibu!“ schrie Brucie.
„Ach, einerlei. Hauptsache, es ist kein Fisch.“
Später, als er seinen Reisesack auspackte, stutzte er plötzlich, und das aus einem bestimmten Grund. Etwas Wichtiges fehlte. Seine Bibel – Sammys Bibel. Er hatte sie ganz obenauf gelegt. Aha! Es war nicht schwer zu erraten, wer das Buch hatte.

Senden mußte Sikorski sein – wenn es überhaupt noch eines Beweises bedurfte. Gerd stieß einen Seufzer der Erleichterung aus. Eine schwere Last glitt von seinem Herzen. Sammys Bruder wußte nun Bescheid. Er hatte getan, was er sich vorgenommen hatte. Nur eins gab ihm zu denken auf . . .

„Was hat dir der Dummkopf erzählt?“ Dirks erregte Frage klang ihm wieder im Ohr und ließ ihn nicht los.

Hatte nicht Angst in Sendens Stimme mitgeschwungen, damals, an jenem ersten Abend? Angst – wovor, oder vor wem? Er hatte ihm Zuneigung angemerkt, erinnerte sich Gerd. Aber die Angst muß größer gewesen sein als die Liebe. Und vielleicht war das der Grund, warum der Bursche den Namen gewechselt hatte. Sikorksi war ein etwas ausgefallener Name und mochte sich einem zu leicht einprägen!

Alaska war ein guter Schlupfwinkel für Leute mit Vergangenheit, so war Gerd erzählt worden. Hier wurde man als der akzeptiert, als der man sich bewies, und nicht dafür angesehen, was man in seiner fehlgeleiteten Jugend vielleicht getan hatte. Nun, was immer Sammys Bruder angestellt haben mochte – vor Gerd war er sicher.

Und zudem, er würde wahrscheinlich nie bestimmt wissen, ob Senden tatsächlich etwas zu verbergen hatte.

8. *Die „Ptarmigan"*

Sie war traumhaft schön, und kein Makel war an ihr. Blendend weiß gestrichen, mit lustigen bunten Kissen, die Frau Rawlson genäht hatte, bot sie einen höchst erfreulichen Anblick. Steve hatte sich mit dem letzten Anstrich beeilt – Gerd zuliebe. Der Anmeldetermin für die Sommerschule war auf den Montag festgesetzt worden. Am Samstag davor sollte die „Ptarmigan" getauft werden.

Gleich nach dem Frühstück und nachdem die üblichen Morgenarbeiten verrichtet waren, luden die Jungen an diesem Tag das Boot auf den Anhänger, sorgsam darauf bedacht, daß es ja keinen Kratzer abbekam. Zur zusätzlichen Sicherheit fuhren Rick und Ford auf dem Anhänger mit, gewissermaßen als die Wächter der Tanana-Königin. Die beiden Kicherlieschen Lorraine und Glenda quetschten sich als letzte in den Jeep. Herr und Frau Rawlson lachten, als sie ihnen vom Gartentor aus nachwinkten.

„Paßt gut auf, und viel Freude!"

„Danke. Das werden wir haben. Macht euch keine Sorgen!"

Die Antwortrufe hallten noch hinter ihnen her, als sie den Zufahrtsweg hinunterfuhren.

Bruce und seine beiden Kumpane bewachten den Picknickkorb. Stefanie, aufgeregt wie alle übrigen, hielt die Flasche mit dem Ingwerbier in der Hand. Steve hatte sie gebeten, die „Ptarmigan" zu taufen! Kein Mädchen konnte stolzer sein auf eine ihr übertragene Aufgabe als sie. Sie hatte ihr hübschestes Kleid zu diesem Anlaß angezogen. Ihre braunen Augen strahlten, und diesmal war keine Spur von jenen einstudierten geheimnisvollen Posen an ihr zu entdecken, die sie früher so oft zur Schau getragen hatte. Gerd verspürte eine Regung des Stolzes auf seine Schwester.

Sie machte ihre Sache gut. Als das Boot über die Rampe hinunterglitt und mit einem sanften Platschen ins Wasser sank, warf Stefanie die Flasche mit schönem Schwung und gerade zur richtigen Zeit, ganz so wie es sich gehörte. Man bedenke: sie war immerhin ein Mädchen!

„Ich taufe dich ‚Ptarmigan'[1]. Weiß und strahlend wie Alaskas geflügeltes Emblem, sollst du uns lange und gut auf dem Tanana dienen und viel Freude schenken – und kein Leid."

Die kleine Schar hatte zugehört, geziemend beeindruckt. In dem Moment, als Steffi fertig war und einen Schritt nach rückwärts trat, setzte das Hurrarufen ein. Es dauerte so lange, als ihre Stimmen es durchhielten. Steve half Stefanie, als erste an Bord zu gehen. Dann drängten sie alle nach.

„Alle Passagiere haben sofort die Rettungsgürtel anzulegen", rief Kapitän Steve laut.

„Ach, Stevie! Müssen wir das wirklich? Ich un' Paul un' Dave, wir können schwimmen!" protestierte Brucie.

„Zieht die Rettungsgürtel an!"

„Und keine Widerrede, Brucie", fügte Gerd hinzu. „Flüsse sind oft heimtückisch. Da gibt es Strömungen

---

[1] Schneehuhn

und Strudel. Du benimmst dich jetzt ordentlich, kapiert?"

„Es ist einfach Vorschrift auf der ‚Ptarmigan'", sagte Steve bestimmt. „Wer auf ihr fährt, trägt einen Rettungsgürtel. Immer. Verstanden?"

„Ja – Herr Kapitän", kam es langsam und verdrießlich von Brucie.

„Jawohl, Kapitän", rief sogleich Dave.

„Ja, ja, Herr Kapitän!"

„Alles fertig? Dann binde die Vorleine los, Ford."

„Jawohl, Kapitän!"

Der Motor sprang an, zischte einen Augenblick – gerade so lange, daß einem der Herzschlag auszusetzen drohte (aber Steve hatte den Motor natürlich schon vorher ausprobiert), dann ging er in ein gedämpftes Rattern über. Die „Ptarmigan" glitt anmutig von der Pier weg. Die Fahrt hatte begonnen.

An der nächsten Flußbiegung gewahrte die Schiffsmannschaft das Rawlson-Auto mit zwei Elternpaaren am Ufer, die ihnen nachschauten und winkten. Sie winkten wie toll zurück, was das Boot zum Schaukeln brachte, bis Steve jedermann zur Ordnung rief. Sie mußten sich alle hinsetzen. Kein Herumrennen war erlaubt. Das war „Ptarmigan"-Vorschrift Nummer zwei!

„Wie läßt sie sich an?" fragte Gerd, nachdem er Steve eine Weile zugesehen hatte. Es juckte ihn in den Händen, es auch einmal zu probieren.

„Großartig. Willst du's mal versuchen?"

„Darf ich? Aber ich hab's nie vorher gemacht."

„Du wirst es schnell 'raushaben. Sie reagiert so leicht wie ein gut dressiertes Vollblutpferd. Nun – stimmt's?"

Mit Gerd ging an diesem Tag etwas vor sich. Das Gefühl des Steuerns mochte es vielleicht sein – oder die Sonne und der Wind auf dem Fluß – oder die Insel, die sie „entdeckten“ und auf der sie ihr Lunch verzehrten und dann ungefähr zwei Stunden über Felsen kletterten und im Gehölz herumtollten – die Augenblicke ernsten Gespräches auch, bei dem die vier Älteren auf sonnengewärmten Felsblöcken nicht weit vom Wasser saßen – oder alles das zusammengenommen. Auf jeden Fall entschloß sich Gerd zur Überraschung aller, nicht zur Sommerschule zu gehen. Möglicherweise hatte sich die Bereitschaft zu diesem Entschluß schon vorher angebahnt, ihm selbst unbewußt. Also, jetzt stand es bei ihm fest: er ging nicht. Er würde zuviel versäumen in diesem ersten Alaska-Sommer.

Steve sah auf und ließ seinen Blick fragend auf Gerds Gesicht ruhen. „Deine Eltern werden nichts dagegen einwenden, oder?“

„Daß ich nicht gehe? O nein! Es war ja in erster Linie meine Idee.“

„Um so besser!“ Steve sah erleichtert aus. „Ich nehme an, du weißt, daß ich dich immer gern dabei habe.“

Gerd mußte über sich selbst grinsen. Er hatte ja eigentlich bloß deswegen fort gewollt, um von den Rawlsons wegzukommen. Das war hauptsächlich der Grund gewesen, warum er an die Sommerschule gedacht hatte. Nun wurde er mehr und mehr in ihre Pläne hineingezogen – und er mochte es.

Er wußte es in dem Moment noch nicht, aber er sollte tiefer hineingeraten, als er sich vorstellen konnte.

Bruce kam plötzlich aus dem Gehölz herausgerannt.

„Du, Gerd! Denk dir! Paul sagt, die Rawlsons fahren morgen alle mit der ‚Ptarmigan' zur Sonntagsschule. Was ist das denn, eine Sonntagsschule? Er sagt, es wäre 'ne prima Sache. Fragst du Mutti, ob wir mitdürfen?"
In dem Kreis der Steinsitzer herrschte auf einmal knisternde Stille. Gerd konnte sich ungefähr denken, warum. Er hatte hier und da ein paar Bemerkungen aufgefangen. Was er sich daraus zusammenreimte, kam der Wahrheit ziemlich nahe: daß es auf der Rawlson-Farm während seiner Abwesenheit ein Donnerwetter gegeben hatte. Frau Carella mußte den Eindruck gewonnen haben, daß ihr das Rawlsonsche Religionsfeuer zu sehr auf den Leib rückte. Jedenfalls war sie aufgebraust und hatte der Gastgeber-Familie ihren Standpunkt gehörig klar gemacht. Sie hatte gesagt, sie würde es nicht zulassen, daß ihre Familie eine Gehirnwäsche über sich ergehen ließ. Je früher das jedermann begriffe, desto besser.
Daher hatte Steve jetzt einen roten Kopf bekommen und sah nachdenklich vor sich hin. Stefanie war verlegen und blickte auf ihre Füße nieder, während sie mit den Zehen Kreise in den Sand zeichnete. Ford trug eine komisch-erschrockene Miene zur Schau, als hätte er soeben versehentlich in eine Essiggurke gebissen. Gerd verkniff sich ein Lachen.
„Okay. Ich werde fragen."
„O Mann! Das ist Klasse!" Brucie vollführte einen Luftsprung und schlug sich so fest auf seine Schenkel, daß es laut klatschte. Dann machte er kehrt und rannte zu seinen Spielgefährten zurück.
Steve, noch immer ernst, unterbrach die lastende Stille an dem steinigen Ufer.

„Versteh mich recht, Gerd: wir hätten euch natürlich gern dabei. Lieber, als wir es sagen können. Ich nehme an, du weißt das. Aber – wir werden noch andere Fahrten machen. Und ihr seid auch an jedem anderen Tag der Woche willkommen.“

„Danke, Steve. – Ist es nicht Zeit, zurückzufahren? Was meinst du?“

„Ach! Ist es schon so spät?“ Er blickte auf die Uhr. „Tatsächlich! Matrosen, an Bord!“ Steves laut schallender Ruf brachte das kleine Volk im Laufschritt zu der sanft schaukelnden „Ptarmigan“ zurück.

Sie ließen sich zuerst ein Stück weit treiben, um zu sehen, wie es ist, wenn man allein von der Strömung fortgetragen wird. Dann setzte leise tuckernd der Motor wieder ein, und ungern, widerstrebend, legten sie den Rest des Weges so zurück.

„Danke, Steffi“, hörte Gerd Steve sagen, als er ihr eine Hand reichte, um ihr zur Pier hinaufzuhelfen. Aus irgendeinem Grund wurden beide rot. „Du hast deine Sache großartig gemacht.“

In einem geschlossenen Trupp zogen sie den Pfad hinauf. Am Rawlson-Tor trennten sie sich. Brucie und Lorraine setzten sich in Trab, um als erste zu Hause einzutreffen. Stefanie hielt Gerd ein wenig zurück.

„Wirst du es tun?“ fragte sie mit leiser Stimme, sobald die anderen außer Hörweite waren.

„Du meinst, Mutter wegen der Sonntagsschule fragen? Sicher. Warum nicht?“

„Du hast es noch nicht erlebt, wie bös sie dann reagiert!“

„Dann werd’ ich es eben diesmal erleben.“

Wenn sich jemand auf ein Feuerwerk gefaßt gemacht hat

und muß dann entdecken, daß sein Feuerwerksschwärmer ein Blindgänger war, wird sich die unerfüllte Erwartung in einem enttäuschten, bedrückenden Gefühl niederschlagen. So ungefähr erging es Gerd, als er die bewußte Frage gestellt hatte. Frau Carella reagierte sauer, schien sich jedoch erstaunlicherweise damit abzufinden. Irgendwie reizte das Gerd.

„Weißt du, wenn du schon so darüber denkst, warum schlägst du es dann nicht rundweg ab? Keiner von uns würde gehen, wenn du es verbietest."

„Und was sollte das bezwecken? Ihr lauft von morgens bis abends miteinander herum, alle anderen Tage der Woche. Und ich zweifle nicht daran, daß jeder von den Rawlsons ein mit Bibelversen gespickter ‚Zeuge' ist. Aber ich will dir eins sagen, Gerd: an dem Tag, an dem eins meiner Kinder ein ‚Missionar' wird – nun, niemand sollte es darauf ankommen lassen. Mehr habe ich nicht dazu zu sagen!"

„Als ob wir so scharf darauf wären!"

Ihre Augen wurden dunkel. „Hättest du gedacht, daß dein Vater scharf darauf sein könnte, Farmarbeit zu tun?"

Damit hatte sie allerdings den Nagel auf den Kopf getroffen. Nun, immerhin war in der Sonntagsschulfrage kein glattes Nein ausgesprochen worden. Am folgenden Morgen bereiteten sich ihre Kinder zum erstenmal in ihrem Leben auf einen Kirchgang vor. Es war ein ungewöhnliches Erlebnis in mehr als einer Beziehung.

Die Rawlsons wollten einen Gottesdienst in Willow Branch besuchen, das an einem Bach lag. Die „Ptarmigan" glitt ruhig dahin, so als müsse sie ihr Sonntagsaussehen wahren. Als das Wasser zu seicht wurde, vertäuten sie das Boot unter einem Baum und gingen das übrige Stück zu Fuß. Es war von da aus noch etwa eine Viertelmeile. Ein schmaler Fußpfad lief hier neben dem Bach her. An der Kirchentür trafen sie Herrn und Frau Rawlson, die mit dem Wagen gefahren waren.

Gerd hatte seinen Entschluß allerdings schon wieder bereut. Die Einstellung seiner Mutter erschien ihm vernünftiger. Er hätte es ablehnen und sich dann an sein Wort halten sollen. So aber betrat er in aller Freundschaft den Bereich des Gegners und wurde möglicherweise mehr und mehr hineingezogen. Nicht daß er gegen Steve irgendwelche Feindschaft empfunden hätte. Ganz und gar nicht. Aber sie befanden sich nun einmal auf entgegengesetzten Seiten. Daran war nicht zu rütteln. Es war wirklich dumm von ihm gewesen, sich auf den Kirchgang einzulassen. Selbst wenn es nur ein Spaltbreit war, hatte er dem Gegner damit doch sozusagen Tür und Tor geöffnet.

Das Singen war der erste „Keil", der den Spalt erweiterte. Es kam ihm beinahe so vor, als wäre Sammy da – Seite an Seite mit Steve. Das war einfach unfair. Dann schloß sich die Bibelklasse an. Die Jungen und Mädchen waren nicht älter als Gerd und Stefanie. Sie diskutierten todernst über das Leben vom Blickwinkel eines alten verstaubten Buches aus, als ob es zwischen beiden eine Verbindung gäbe! Die Predigt konnte man leichter über sich ergehen lassen, sie war weniger persönlich. Das heißt: man wurde nicht auf der Stelle festgenagelt. Man konnte ordnungsgemäß dasitzen und all das tun, was von einem erwartet wurde, ohne daß man gar zu genau hinhörte.

Dennoch waren diese zwei Stunden alles in allem ein zu teurer Preis, den man für eine Bootsfahrt bezahlte. Gerd war sich über eines klar: nie wieder!

Die Ausflüge an den Wochenenden waren da doch etwas anderes. Gewöhnlich fuhren die Jungen allein: alle sieben. Es ging dann stets flußaufwärts, mit leise tuckerndem Motor, auf Erkundungsfahrt. Falls irgendeinmal etwas schiefgehen sollte, was natürlich nie geschah, konnten sie einfach stromabwärts treiben und auf solche Weise sicher nach Hause gelangen.

Als sie zur Abwechslung einmal flußabwärts fahren wollten, war Stefanie mit von der Partie. Es war unbekanntes Gebiet. Zuerst erblickten sie ein ziemlich eintönig aussehendes Indianerdorf und dann, ein wenig weiter abwärts, eine Sägemühle. Aber Steffi war diesmal in ihrer mutwilligen Stimmung. Sie wollte immer wieder sehen, was hinter der nächsten Biegung lag, und dann noch eine weiter, und so fort. Gerd hätte gewußt, wie man mit ihrem überredenden Schmeicheln zu verfahren hatte. Doch Steve, der Feste, Steve, der Starke, war wie Wachs in ihren sonnengebräunten Händen. Als sie dann schließlich doch umkehrten, war der Benzinstand bedenklich niedrig.

„Mach schön weiter", redete Gerd der „Ptarmigan" gut zu. Sie waren noch immer etliche Meilen von der Farm entfernt, als der Motor spuckte, zischte und schließlich ganz aussetzte. Das Benzin war ausgegangen. Niemand hatte sich auf einen Marsch an einem moskitoverseuchten Ufer entlang vorbereitet. Das war ihre Strafe für ihr Nachgeben gegenüber Steffis Albernheit. Was indessen am schwersten ins Gewicht fiel, war der Umstand, daß

sie gewissermaßen schutzlos waren, wenn sie die „Ptarmigan“ hier festmachten. Man durfte sich das gar nicht näher ausmalen. Am besten, man dachte nicht daran. Ford erklärte sich bereit, Wache zu stehen.
Als sie durch das verschlafen daliegende Indianerdorf kamen, erwartete keiner von ihnen irgendwelche Schereien. Der Ort sah aus, als wäre er verlassen.
Steve war der erste, der die nahende Gefahr erkannte. Er rief plötzlich laut: „Bewaffnet euch mit Stöcken. Macht einen Kreis um Stefanie. Jungs. Und lauft weiter!“
Dann gewahrte Gerd dunkle Schatten, die sich schweigsam aus verschiedenen Richtungen näherten.

Als alles vorüber war und sie das Dorf hinter sich hatten, blieb der ganze Trupp einen Augenblick stehen, um zu verschnaufen. Die kleineren Jungen führten sich aufgeregt das Abenteuer noch einmal vor Augen: wie die zähnefletschenden, zuspringenden Hunde auf sie eingedrungen waren und wie sie sich verteidigten, indem sie ihnen gutgezielte Schläge versetzten. Die älteren aber fragten sich mit Unbehagen, wieviel länger sie sich die Hunde vom Leib hätten halten können, wäre nicht rechtzeitig Hilfe gekommen. Die Indianer erwachten durch den Lärm aus ihrem Schlaf und rannten herbei, um ihre Hunde zurückzurufen. Das war ihre Rettung.
„Sie hungern die Hunde im Sommer praktisch aus. Davon kommt das. Dadurch werden sie richtig wild.“
„Junge, Junge. Meint ihr, die hätten uns auffressen können?“ fragte Brucie ganz hingerissen, nun da die Gefahr hinter ihm lag.

Stefanie hatte kein Wort gesprochen. Sie zitterte so sehr, daß sie sich haltsuchend gegen einen Baum lehnen mußte. Dann bemerkte sie aber die blutende Bißwunde an Steves Hand und bestand darauf, sie mit sauberem Zeug zu verbinden. Nach ein paar Minuten setzten sie sich wieder in Marsch. Sie kamen ohne weitere Zwischenfälle zu Hause an, und Gerd und Steve nahmen das Ruderboot und fuhren zurück, um die „Ptarmigan" mit Benzin zu versorgen und heimzubringen. Und damit hätte es seine Bewandtnis haben können. Aber dem war nicht so. Steve und Stefanie hatten sich verändert. Steve hielt sich von da an zurück; er schien über irgend etwas bedrückt zu sein. Und was Steffi anlangte – Gerd mochte es nicht wahrhaben, aber es stimmte schon: sie hatte sich wieder in die gezierte, unnatürliche Person zurückverwandelt, die sie vorher meist war. Kein Rudern mehr, kein Helfen im und ums Haus herum, außer unter verdrießlichem Protest. Wenn sie sich nicht in ihrem Zimmer aufhielt, blätterte sie lustlos in irgendwelchen Zeitschriften herum. Sie hatte nötig, einmal ordentlich durchgerüttelt zu werden!

Verzehrte sie sich vor Sehnsucht nach Steve? Oder was war das Problem? Gerd konnte beim besten Willen nicht dahinterkommen.

Dann – wie durch „Zufall" – fielen Teile des Puzzlespiels von selbst an ihren Platz. Und das kam so:

Gerd hatte sich aufgerafft, sich nun doch etwas ernsthafter seinen Studien zu widmen (denn wozu hatte er eigentlich die Bücher?). Vor allem wollte er einige Lektüre hinter sich bringen, die für sein kommendes Studium von Nutzen war. Er war also zum Bach hinuntergegangen, mußte dann aber bald, begünstigt durch die Wärme des Sonnenscheins und angenehme Stille, auf seinem Platz hinter einem Felsblock eingeschlafen sein. Jedenfalls fuhr er plötzlich mitten aus dem Schlaf hoch. Er hörte Stimmen. Jemand sagte: „Ich habe mich noch nie so zu einem Mädchen hingezogen gefühlt."

Steve – und Steffi? Gerd blinzelte und überlegte, was er machen sollte. Einfach aufspringen und „Puh" rufen? Das mochte nur Verwirrung auslösen . . .

„Das kann ich mir vorstellen. Es ist mir seinerzeit auch so gegangen, Steve. Und Stefanie ist ein reizendes Mädchen."

„Aha!" dachte Gerd. Jetzt ging ihm ein Licht auf. „Da haben wir's. Papa Rawlson also, kein Geringerer. Soso!"

Es war ein sehr persönliches Vater-und-Sohn-Gespräch, wie es schien. Nun, vielleicht gingen sie bald, versuchte sich Gerd einzureden.

Doch das war nicht der Fall. Gerd, der widerstrebende Lauscher, durchlief während der nächsten halben Stunde ein halbes Dutzend interessanter und verwirrender Gefühle: Beunruhigung, Belustigung, widerwillige Bewunderung, heimlichen Groll. Der Groll wich allerdings schnell wieder.

Steve schien zu leiden, weil Stefanie nicht gläubig war!

„Es ist schrecklich, jung zu sein." Seine Stimme klang spröde. „Man hat – die Bedürfnisse – und die Gefühle wie ein Erwachsener, aber der Charakter ist noch nicht wirklich geformt."

„Ja, es ist schwer", stimmte der Vater zu. „Außerdem ist man noch nicht soweit, daß man die Verpflichtungen des Lebens voll übernehmen könnte."

„Das meine ich eben. Aber was ist da zu tun?"
Vater und Sohn arbeiteten nun ein paar Grundsätze heraus – und jedes Wort wirkte auf Gerd wie ein versengendes Brenneisen. *Wenn* Christen so leben konnten – dann waren sie besser als ein Gerd Carella! Aber er glaubte ihnen kein Wort davon.
„Die einzige Liebe eines Mannes zu einer Frau ist dazu gedacht, etwas Wunderbares zu sein. Beflecke sie nicht. Setze nicht auf irgendeine Weise ihren Wert herab. Warte Gottes Zeit ab. Übergib deine Gedanken und Gefühle, deine Wünsche und Träume Christus. Das ist das Vorrecht eines Christen. Sprich mit Gott darüber."
Dieser seltsame Vater und sein Sohn setzten die letztere dieser Regeln sogleich in die Tat um – auf der Stelle. Und Gerd mußte jedes Wort ihrer Gebete mitanhören. Dann machten sie sich endlich auf den Heimweg, und Gerd konnte die Flucht ergreifen.

9. Jeepfahrt im Juli

Noch am gleichen Abend lief Gerd seiner Schwester in die Arme, unten am Tanana. Er war losgezogen und wollte ein wenig fischen, schien aber wenig Glück zu haben. Als er so mit seiner Angelrute am Ufer weiterging, traf er plötzlich auf Stefanie, die wie ein Häufchen Unglück dasaß und trübselig ins Wasser starrte.
„Hallo, Steffi!" Er kitzelte ihr mit der Spitze der Angelrute den Hals.
Sie wandte kaum den Kopf. „Ich bin hierhergegangen, weil ich – allein sein wollte."
„Fein. Und ich bin gekommen, um dir Gesellschaft zu leisten", sagte er. Er suchte sich einen geeigneten Stein zum Sitzen und ließ sich darauf nieder.
Die Bewegung ihrer Schultern schien zu sagen: „Tu, was du nicht lassen kannst, aber erwarte nicht, daß ich mit dir rede." Ach, du grüne Neune! mußte Gerd denken. Da habe ich sie ja wieder in bester Trübsinns-Stimmung erwischt. Das Schweigen nahm allmählich Eisescharakter an. Gerd entschied, daß sie unbedingt aufgerüttelt werden mußte. „Wenn es ein Trost für dich ist", sagte er in ruhigem Gesprächston, „für Steve ist das Ganze genauso schwer wie für dich." Ihr Gesicht wurde flammendrot. Aha! Er war also auf der richtigen Spur. Der Gang durch das Indianerdorf mußte irgendwelche schwerwiegende Fragen aufgeworfen haben. Das Erlebnis dort hatte sie anscheinend tief berührt, ebensosehr, wie es Steve erschüttert hatte. Die Gefahr und wie er für

ihren Schutz besorgt war, wie sie ihrerseits dann die Wunde an seiner Hand verband – das alles war ja recht romantisch gewesen! Und dann hält er sich auf einmal fern, nachdem alles vorüber ist . . .

„Wovon redest du da, Gerd?"

„Von dir", sagte er kühl, „und von deinem brechenden Herzen."

„Ich habe nie gesagt . . ."

„Nein? Dann hast du es eben durch dein Verhalten gezeigt. Verlassenes Mägdlein, und so weiter."

Zorn blitzte in ihren Augen auf – und Schmerz. Und eine Spur Neugier. Sie suchte das zu verbergen, indem sie Kreise und Linien in den Sand zeichnete.

„Was hast du da vorhin – von Steve gesagt?" Er verzog den Mund. „Ich weiß nicht, ob ich es dir erzählen sollte. Ich habe ein Gespräch mitangehört. O nein, nicht absichtlich. Es hat sich so ergeben, daß ich es ohne mein Zutun mithörte. Es war natürlich nicht für meine Ohren bestimmt. Willst du es trotzdem wissen?"

„Was?"

Er entschied, es ihr zu erzählen. So gut er sich erinnern konnte wiederholte er ihr das Ganze ausführlich. Steffi saß währenddem unbeweglich. Ihre schlanken Finger umschlossen die Knie. Ihre Augen hatten einen träumerischen Ausdruck angenommen, und ihr Gesicht verlor seine harten Linien. Er konnte sehen, was sie dachte: *Das hatte ich mir nicht vorgestellt. Auf eine so feine Art hat er sich also mit mir befaßt.* „Jetzt weißt du es also. Er mag zwar 'heiliger' als du sein, und was dazu gehört, aber sonst ist dein 'heiliger Stephan' kein bißchen anders, als die Jungen bei uns in Norton waren."

„Sag das nicht! Untersteh dich ja nicht, das noch einmal zu sagen – oder zu denken!“ Au-weh! wie ihre Augen blitzen konnten. „Die Art, wie die Rawlsons – wie Steve über diese Dinge denkt: über Mädchen und Verabredungen und das alles, ist – ist – du könntest genausogut sagen, daß der Schnee auf der Bergspitze dort drüben dieselbe Farbe hat wie das schmutzige Tanana-Flußwasser.“

„So viel reiner?“ versuchte Gerd zu ulken.

„So viel höher und reiner.“

Plötzlich sank Stefanies Gesicht auf ihre Knie. Sie rührte sich nicht mehr. Aber in dem Stoff ihres Kleides erschienen nasse Flecken und wurden immer größer. Es war ein hoffnungsloses Weinen — und mit einemmal verstand Gerd auch das. Sein Herz pochte eigenartig. Die Tränen galten nicht allein Steve. Es ging nicht darum, daß sie ihn nicht wie die anderen Jungen um den Finger wickeln konnte. Die Erregung in ihm wuchs, als er mehr und mehr begriff: Steffi mußte verlangen nach dem, was diese Rawlsons hatten, so wie er verlangte nach dem, was Sammy besaß. Ach, warum konnten einen diese Frommen nicht in Ruhe lassen? Warum mußten sie einem stets so zusetzen? Was dann, wenn Steffi bereit war, die Lebensphilosophie der Rawlsons – oder wie immer sie es nannten - anzunehmen? Ach ja, Glaube sagte man dazu. Nun, sie wußten beide, daß ihre Mutter niemals damit einverstanden sein würde. Was ihren Vater betraf, hatte Gerd sich freilich schon gewundert, ob er sich seiner Familie überhaupt noch bewußt war, seit sie nach Alaska gekommen waren. Er aß und schlief natürlich im Blockhaus. Aber die meiste Zeit lebte er jetzt – man sah ihn

fast nur noch in seiner blütenweißen Arbeitskleidung – in der weißen Welt seines Milchbetriebes.
Er kümmerte sich um die Kühe und das Milchhaus – und das schien alles zu sein, woran er dachte. Er liebte die Freiheit hier, sagte er. Er liebte den Feierabend und war glücklich, dann Zeit zum Fischen zu haben – und einen Fluß in der Nähe, der Mengen von gut eßbaren Fischen barg. Er liebte es, solches Vertrauen zu genießen, wie Herr Rawlson es offensichtlich zu ihm hatte. Und er mochte seinen Arbeitgeber auch als Mensch gern.
„Und seine Religion?" hatte Gerd seine Mutter leise fragen hören.
„Nun ja, das ist Dave Rawlsons Privatangelegenheit, denke ich."
„Aber wenn er dich daraufhin angeht – dann wird es bestimmt auch deine werden!"
„Ach, laß nur, das dringt bei mir nicht durch."
Gerd grinste verständnisinnig. Sein Vater konnte mit gleichbleibendem Lächeln zuhören und dann die Unterhaltung mit einer harmlosen Frage nach irgend etwas Belanglosem in eine völlig andere Richtung lenken. Er ließ sich einfach nicht in religiöse Auseinandersetzungen oder Diskussionen ein. „Desinteressiert" war wohl das richtige Wort dafür. Und ebenso desinteressiert schien er für alles zu sein, was mit seiner Familie zu tun hatte.

Um so mehr erstaunt war daher Gerd, als sein Vater ihm ein oder zwei Tage nach seinem Gespräch mit Steffi in sein Zimmer folgte. Nachts teilte Gerd diesen Raum mit Bruce. Doch vom Frühstück bis zur Schlafenszeit sah das Zimmer den kleinen Wirbelwind selten.

„Willst du dich nicht auf den Stuhl setzen?“ lud Gerd seinen Vater verwirrt, aber höflich ein.
„Schon gut. Ich setze mich zu dir aufs Bett.“
Seite an Seite, wie sie damals auf jener Uferbank in Norton gesessen hatten, so saßen sie jetzt auf Gerds Bett. Wieder suchte der Vater nach Worten.
„Ich weiß nicht, ob du eine Ahnung hast – ob du etwas gemerkt hast...“
„Wovon, Vater?“
„Was mit deiner Schwester los ist.“
„Mit Steffi?“ Die Überraschung in seiner Stimme rührte von der Erkenntnis her, daß sein Vater also doch etwas mitbekommen hatte. Herr Carella deutete es jedoch anders.
„Sag mir bloß nicht, du hättest nichts gemerkt. Oder treibst du Vogel-Strauß-Politik?“
„Ach, na ja – sicher habe ich gemerkt, daß sie etwas bedrückt.“
„Weißt du, was es ist?“
„Ich kann es mir ungefähr denken“, sagte Gerd zurückhaltend. „Aber alles in allem: Steffi ist Steffi! Wer kennt sich wirklich darin aus, was in ihrem Kopf herumspukt.“ Er drückte sich absichtlich vorsichtig aus.
„Das ist es ja gerade“, meinte Herr Carella und zog die Brauen zusammen. „Eine Weile schien sie so schön aus sich herauszugehen. Sie benahm sich endlich einmal ganz natürlich. Es gefiel mir, wie sie sich gab, fügte er nachdenklich hinzu.
Gerd konnte nicht anders als ihm zustimmen. Es war das erstemal, soweit er sich erinnern konnte, daß Stefanie ein wirklicher Mensch war. Ungekünstelt. Kein Posieren

mehr, um die Aufmerksamkeit anderer auf sich zu lenken. All das hatte sie abgelegt.
„Schau, Gerd“, sagte da der Vater schweratmend, „reden wir doch ganz offen miteinander. Ich brauche deine Hilfe. Ist etwa Steve Rawlson die Ursache von dem allem?“
„Kann sein.“
Herr Carella beschäftigte sich angelegentlich mit seiner ausgekühlten Pfeife und nickte. Dann seufzte er.
„Dachte es mir ja gleich. Vielleicht war es falsch von mir, daß ich hierherging. Ich mag das Leben, so wie es hier ist. Aber deine Mutter haßt es – hauptsächlich wegen der Religiosität der Rawlsons. Und wenn die Familie nun vielleicht auch noch in Ungelegenheiten kommt. . . “
„Halt, Vater. Verrenne dich nicht in einen falschen Gedanken!“ unterbrach Gerd ihn aufgeregt. „Steve würde nie – nun, du weißt schon, was ich meine. Er wird nie etwas anderes sein als ein Ehrenmann.“
„Das weiß ich. Aber trotzdem muß deine Schwester mal eine Weile von hier fort, muß andere junge Leute kennenlernen. Ich werde darüber mit deiner Mutter sprechen. Jetzt muß ich ohnehin gehen – es ist Melkzeit.“
Natürlich – die Kühe riefen!
Hin und wieder, wenn er gerade nichts anderes zu tun hatte, half Gerd auch auf der Farm. Auf die Rawlsons-Jungens schienen ja immer irgendwelche Arbeiten zu warten. Da waren Zäune auszubessern, das Vieh zu füttern, Gras zu schneiden oder Heu zu bündeln, und wenn Gerd half, waren sie natürlich schneller fertig, und es blieb mehr Zeit, die sie auf dem Wasser verbringen konnten. Wieder einmal hatten sie für den Abend ei-

ne Fahrt geplant. Im Gänsemarsch – der „Dreier-Klub" vorneweg – setzten sich alle sieben in Trab und schlugen den Fußweg zum Fluß ein. Als die vier älteren Jungen am Jeep vorbeikamen, blieben sie stehen und umringten ihn wie einen lange vermißten Freund.
„Mann, was haben wir mit dem schon Spaß gehabt!"
„Wißt ihr noch, wie wir das letztemal jagen waren?"
„Und bei Charlies Hütte! Wenn ich daran denke, wie Freund Charlie Karibu-Steaks machte . . ."
„Und wie er sein Haar kämmte – mit einem Wrack von Kamm . . ."
Die Brüder brachen in ein nicht enden wollendes Gelächter aus. Als sie sich dann etwas beruhigt hatten, setzten sie ihren Weg den Hügel hinunter zu der wartenden „Ptarmigan" fort.
Sie waren noch immer der Stolz ihrer Herzen. Doch an diesem Abend galt ihr die Zuneigung nicht allein.
„Psst!" Ford warf einen wachsamen Seitenblick zu den drei Kleineren hin, die sich weiter vorn im Bug aufhielten. Er wollte sicher gehen, daß sie auch wirklich beschäftigt und außer Hörweite waren. „Wie wär's mit einem Angelausflug – eine Woche oder so? Vater hat bestimmt nichts dagegen. Wir versprechen ihm, daß wir hinterher alles an Arbeit wieder reinholen."

„Du meinst,mit dem Jeep wie damals?" Ricks Stimme klang vor Aufregung ganz hoch.
„Psst! Nicht so laut! Die Kleinen sollen nichts merken. Die würden uns nur Scherereien machen, glaubt mir's. Wie ist es mit dir, Gerd? Hättest du Lust?"
„Warum nicht?" Es mochte ganz interessant sein, und

wenn es nur deswegen wäre, daß man den alten Charlie traf.
Er war so eine Art Führer, den man zu Jagden heranzog, außerdem ein erzählfreudiger und großzügiger Mensch, der ihnen seine Hütte zur freien Benutzung angeboten hatte. Allerdings zogen sie stets vor, in ihren Zelten zu schlafen. Charlies Haushaltsführung war offen gestanden nicht die hygienischste – meinte Ford.
Binnen einer Stunde war die ganze Sache abgemacht. Wegen des „Dreier-Klubs" würde man alle Vorbereitungen heimlich treffen. Die Eltern mußten natürlich um Erlaubnis gefragt werden. Gerd erwartete keine ernstlichen Einwände von zu Hause.
Als er jedoch den Eltern gegenüber von der geplanten Expedition sprach, trug das Gesicht seiner Mutter einen eigenartigen wehrlosen Ausdruck.
„Oh, nein!" stöhnte sie und sank auf einen Stuhl.
„Was hast du denn dagegen einzuwenden, Mutter?"
„Es ist nicht euer Angelausflug. Das nicht. Es ist – Gerd. Ich habe gerade Stefanie zugestanden, daß sie an einem Sommer-Bibel-Camp teilnehmen darf, das von einer christlichen Gemeinschaft veranstaltet wird . . ."
„Ein Bibel-Camp." Gerds Lippen zuckten. Das war ja prächtig. Ausgerechnet seine Mutter!
Sie meinte sich verteidigen zu müssen. „Ach, na ja, Steffi trödelte so herum – du weißt ja, wie sie die letzte Zeit ist. Es hängt mit dem Rawlson-Jungen zusammen. Ich ahnte das natürlich schon längst . . . Sogar Vater hat es gemerkt. Und wir berieten uns darüber, was man tun könnte. Gerd, du brauchst gar nicht so anzüglich zu grinsen. Wenn Steffi irgendwelche passenden Freundinnen

hierherum hätte – aber sie hat keine. Was ich wollte, war einfach, sie und Steve für eine Weile zu trennen. Wenn ich nur ein paar Stunden früher von eurem Plan gewußt hätte."

„Du hättest sie davon abhalten können, nicht wahr?" warf er verständnisvoll ein.

Doch das verstand sie falsch. „Ich nehme nie ein Versprechen zurück."

Schön, es ging ihn ja auch gar nichts an. Aber für ihn stand fest: hier hatte sie einen Fehler gemacht. Ganz bestimmt. Niemand wußte das besser als er. Sammy pflegte manchmal von Bibel-Camps zu reden. Schwimmen, Bootfahren, Wandern – ja, wenn das alles wäre! Aber die Veranstalter benutzten dies alles nur, um ihre Opfer anzulocken – um sie dann mit Bibelunterricht bombardieren zu können.

Die Frage war, ob er Steffi warnen sollte. Sie ging bewegten Zeiten entgegen, wenn sie auf diese Reise hereinfiel. Und in der Stimmung und Verfassung, in der sie sich jetzt befand, war sie ausgesprochen reif zur Kapitulation, wenn er etwas davon verstand!

Eines Morgens in der Frühe, noch bevor sonst jemand wach war, ratterte der Jeep den Fahrweg hinunter und auf die Landstraße zu. Eine Flut klaren Tageslichts lag über dem schlafenden Tal. Die Brüder sprudelten vor Lebensfreude über – sie jodelten pfiffen und neckten sich gegenseitig ... Gerd lehnte sich in seinem Kübelsitz zurück und genoß die Stunde.

Das Leben war schön. Er mochte diese Jungs gern. Nie hörte man bei ihnen schlüpfrige oder zweideutige Bemerkungen. Ford hatte einen drolligen Humor, und

Rick, der Dreizehnjährige, stand ihm darin nicht viel nach. Steve war zwar ruhiger, aber auch er machte gern bei ihren Späßen mit, und gelegentlich drehte er den Spieß sogar einmal um – worauf niemand gefaßt war – und legte seine Brüder rein.

Gerd ließ sich gern davon mitreißen. Nur in einem Punkt hatte er ihnen von Anfang an seinen Standpunkt klargemacht: es sollte keiner zu ihm zu irgendeiner Zeit von Religion reden! Das war deutlich genug, und sie gaben ihr Wort. Und die Rawlsons hielten, was sie versprachen. Also würde er seine Ruhe haben und sich gelöst fühlen können.

Steve lenkte den Jeep plötzlich von der Straße weg in einen holprigen Pfad. Oder sollte man ihn einen ‚Weg' nennen?

„Ein Bulldozer der Regierung war voriges Jahr hier und hat ihn angelegt", bemerkte Steve. „Gebt acht, daß ihr nicht aus dem Jeep rausfallt."

Der Bulldozer hatte tatsächlich ein gutes Stück Arbeit geleistet. Der Weg führte eine steile Anhöhe hinauf. Sie wurden allerdings dabei ziemlich durcheinandergerüttelt.

„Das alte Mädchen hat wacker zu tun. Sie hat eben keine Flügel."

„Man kriegt es zur Genüge zu spüren", stimmte Steve zu. „Nichts als Püffe und Stöße."

Vier Stunden holpriger Berganfahrt brachten sie zuletzt zu Old Charlies Hütte.

Sie stand mitten auf einer kleinen Wiese, an deren unterem Rand ein Bergbach floß. Die Hütte war unverschlossen, obwohl der Führer nicht da war. Die

Rawlsons hatten seine Erlaubnis, sich zu jeder Zeit bei ihm wie zu Hause zu fühlen. Das Innere war, wie es die Brüder schon angekündigt hatten, in der üblichen lustigen Unordnung. Gerd konnte allerdings nichts besonders Lustiges daran finden. Die Unordnung und der Schmutz waren unübersehbar, wenn nicht zu sagen handgreiflich. Die Brüder waren sich wie immer einig, daß das Zelt ein Stück oberhalb des Baches, in sicherer Entfernung von der Hütte, aufgestellt wurde. Sie konnten also von Charlie nicht übersehen werden, falls er zurückkehren sollte. Als nächstes machten sie sich Fichtenzweige als Unterlage für ihre Schlafsäcke zurecht.

Hierher gehe ich wieder einmal, dachte Gerd. Erst vor ein paar Wochen hatte er Hunderte von Meilen vor dem jetzigen Platz entfernt Arbeiten verrichtet. Doch welch ein Unterschied! Dort war er, obschon er eine Menge dabei gelernt hatte, der Campjunge, an den man sich mit allem wandte. Hier indessen befand er sich unter Gleichaltrigen – und das war ein ganz anderes Gefühl. Steve war weniger als ein Jahr älter als er, Ford ungefähr ein Jahr jünger. Auch Rick war weniger als vier Jahre jünger als Gerd. Selbst wenn er die ganze Welt durchquerte – er würde vermutlich keine besseren Campgefährten finden als diese drei hier.

Das Angeln war phantastisch – wenn man sich nichts aus Moskitos machte. Rick war der Star-Fischer. Kein stechendes Insekt konnte ihn dazu bringen, daß auch nur ein Angelwurf seinen Zweck verfehlte. Die Moskitos waren die einzige Beeinträchtigung. Die Luft war wunderbar, die Landschaft vollkommen: mit Espen, die

bei jedem Lufthauch die Farbe wechselten, mit Berglilien, die an den Hängen wie hingestreut wirkten, und mit Sitka-Fichten, die an den Uferwänden wie ruhige Wächter postiert standen. Gerd und Steve wechselten sich im Kochen ab. Beide Mütter hatten ihnen einen reichlichen Vorrat an Eßwaren mitgegeben. Das war eine große Hilfe! Brot und allerlei Backwerk, Schweinefleisch mit Bohnen, Schinken, Butter, Eier, Karibu-Steaks – das ergab genügend Abwechslung zu ihrer Fischkost. Die Nahrungsmittel frisch zu halten, stellte ebenfalls kein Problem dar. Alles, was man zu tun hatte, war ein Loch in die Erde zu graben, bis man auf den Permafrostboden stieß, und dann die Eßwaren hinunterzulassen. Mit ein paar Brettern darüber war das ihr Kühlschrank.
Gerd war noch nicht daran gewöhnt, bei diesem taghellen Licht im Freien zu schlafen. Während er so ausgestreckt lag, konnte er den Bach sehen und die drei Brüder, wie sie ihr immer gleiches Abendritual durchgingen. Einer las aus einem Neuen Testament, das er in der Tasche bei sich trug. Manchmal sprachen sie über das Gelesene. Danach sah er sie die Köpfe neigen und hörte ein leises Murmeln. Mehr als ein leises Murmeln war es nie. Sie hielten ihr Wort. Und dann leisteten sie Gerd im Zelt Gesellschaft. Nach dem üblichen Herumbalgen fielen sie schließlich in tiefen Schlaf.
Wer wach lag, war Gerd.

10. In die Enge getrieben

Am dritten Tag ihres Ausflugs setzte der Regen ein. Rick schien das nicht zu stören. Wenn ihn nicht einmal die Moskitos vom Angeln abhalten konnten, vermochte es der verschleierte Himmel erst recht nicht. Gerd aber hatte sich entschlossen, die meiste der noch verbleibenden Zeit mit seiner Kamera außerhalb des Regens zu verbringen. Er hatte sie mitgenommen, einfach für alle Fälle. Doch was nun? Schmutziggraue Wolken verhüllten den Himmel, und dann öffnete er seine sämtlichen Schleusen, und es goß wie aus Kübeln.

„Mann, o Mann, hört euch das an!“ brummte Dichter Ford schläfrig und reckte sich in seinem Schlafsack. „Mehr Regen, mehr Ruhe; da spart der Bauer seine Schuhe.“

„Aber dem Camper ist das gar nicht recht. Hei! Wacht auf, ihr Leute. Das Wasser sickert herein.“

„Laß es sickern. Läuft‘s auf der einen Seite rein, wird‘s auf der anderen auch nicht schlimmer sein. Ist das Wetter mal nicht heiter, schlaf ich eben ruhig weiter.“

Damit drehte sich Ford auf die andere Seite, so daß man nicht mehr verstand, was er noch vor sich hinbrummelte. Im Nu war er wieder eingeschlafen.

Widerwillig kroch Gerd aus seinem Schlafsack, um Feuer zu machen. Alles Holz war naß und wurde zunehmend nässer. Er erinnerte sich an einen Trick, den er von Professor Slavanko gelernt hatte. „Brich die abgestorbenen kleinen grauen Fichtenzweiglein ab“, hatte er ihm geraten. „Die brennen, ganz egal, wieviel es auch geregnet haben mag." Dasselbe traf auf Birkenrinde zu. Erst gestern hatte er eine gestürzte Birke nicht weit vom Camp liegen sehen. Nach einer kurzen Suche im nassen Gras fand er die Stelle wieder. Er blätterte gerade sorgfältig etliche Stücke vom Stamm ab, als er vom Camp her aufgeregte Schreie vernahm. Er rannte zum Lager zurück. Schon von weitem sah er dort, wo das Zelt gestanden hatte, ein Gewoge von nassen Zeltbahnen. Erstickte Schreie drangen hervor. Er lief, so schnell er konnte, was ihn aber nicht daran hinderte, auf dem ganzen Weg zu lachen. Dann, nähergekommen, sah er eine riesige unförmige Masse sich davontrollen. Ein Bär! Gleich darauf hatte ihn der Regen verschlungen.

Die nassen Gefangenen zu befreien, war kein Problem. Aber ein nasses Zelt wieder aufzustellen, dauerte wesentlich länger. Jedermann war nun hellwach und bereit zu frühstücken, als der Wiederaufbau beendet war. Es war ihnen gelungen, eine Zeltwand so anzubringen, daß sie als Vordach diente, und darunter hatten sie ein knisterndes Feuer entfacht. Trotz der Feuchtigkeit und des schwelenden Rauchs ihres Lagerfeuers war es ein sehr vergnügtes Frühstück, das sie zusammen hatten. Jeder der Brüder erzählte die Geschichte von dem überraschenden Morgenbesuch, so wie er ihn erlebt hatte.

Der Bär mußte seine neugierige Nase in den Eingang gesteckt haben. Rick berichtete, ‚etwas' habe ihn am Rükken gestreift, und gleich darauf sei er umgestoßen worden. Er fiel gegen den Zeltpfosten – und das Zelt kippte um!

Gerd bot den Schinken an, während er zuhörte. Auf einmal blieb seine Hand mit der Gabel mitten in der Bewegung stecken. Seine Augen weiteten sich. Sie hatten soeben den unglaublichsten Anblick seines Lebens erhascht.

„Was ist das? Seht mal!“ flüsterte er. „Nun sagt mir bloß nicht, daß wir auch noch den Besuch einer Ziege bekommen!“ Und doch – es bestand kein Zweifel – schaute da nicht ein vierfüßiges Geschöpf mit einem wehenden Bart zu ihnen herein?

Nach einem raschen Blick fingen die drei Brüder wie auf Verabredung zu kichern an. Dann begannen sie alle zu husten, um ihre Heiterkeit zu verbergen. Das Feuer qualme so schrecklich, meinten sie einstimmig.

„Hallo, Charlie!“ rief Steve dann herzlich. „Du bist wohl gestern abend heimgekommen, ja? Komm und frühstücke mit uns.“

„Bin so frei.“

Charlie kam herein. Der Geruch von hundert erfolgreichen Jagdpartien und mindestens tausend rauchigen Lagerfeuern kam mit ihm. Es war ein wenig ‚überwältigend‘, bis man sich daran gewöhnt hatte. Sie machten Platz für ihn und versorgten ihn mit Schinken und Brotscheiben, die sie in Bratfett getaucht hatten. So mochte er es gern. Dazu gab es dampfenden Kaffee. Steve mußte den größten Teil der Unterhaltung allein bewältigen. Gerds Seiten taten ihm vom vielen Lachen weh. Er wagte nicht, auf Ford zu sehen, dessen Schultern fortwährend bebten, ohne daß er einen Laut von sich gab.

Steve reichte ihm gnädig eine Dose hin und bat ihn, etwas Wasser zu holen. Gerd und Rick ergriffen zur selben Zeit die Flucht. Ein Stück entfernt, hinter einer Biegung des Baches, wo die Büsche sie verdeckten, wälzten sie sich im Gras und schrien vor Lachen. Dann, wieder vernünftig und nüchtern und noch etwas nässer geworden, als sie es vorher waren, kehrten sie zum Zelt zurück.

Old Charlies Erscheinen stellte sich für die Camper als eine ständige Quelle des Lachens und der Spannung heraus. Wenn man darauf achtete, daß man nicht in Windrichtung von Charlie saß, konnte man ihm stundenlang zuhören, denn er war ein geborener Geschichtenerzähler. Gerd war froh darüber, daß Charlie gekommen war. Gerade zur rechten Zeit, um aufkommende Langeweile zu vertreiben. So konnte er den Brüdern schlußendlich auch beipflichten, als diese feststellten, man habe eine wundervolle Woche miteinander verbracht.
Auf der Farm sähe es nicht viel anders aus als vorher auch, meinte Gerd trocken nach ihrer Rückkehr. Steve und Rick dagegen wunderten sich darüber, daß das Gras so hoch gewachsen war, daß man es nunmehr schneiden und zu Heu verarbeiten könne, wie auch darüber, wie sehr die Kälber gewachsen seien, richtiggehend „erwachsen“ aussähen. Die Veränderungen im Haushalt Carella hingegen vermochte Gerd nicht zu übersehen. Er merkte sie vor allem am auffallenden Bemühen seiner Mutter, ihn glauben zu machen, daß alles beim alten sei. Sie betonte das in einer Weise, die seine Neugier geradezu herausforderte. Er spürte ihr die Anstrengung ab, die es sie kostete, diesen Schein aufrechtzuerhalten. So er-

kundigte sie sich zum Beispiel eingehend – ganz gegen ihre sonstige Art – nach seinen Erlebnissen beim Fischen. Dann erzählte sie ihm munter, daß Stefanie im Camp eine schöne Zeit gehabt habe – eine sehr schöne Zeit – und daß sie eine gesunde Farbe bekommen habe. Gerd hatte den Eindruck, als knisterte die Atmosphäre vor Spannung. Er spürte es an dem, was seine Mutter sagte – und auch an dem, was sie ungesagt ließ. Aber natürlich konnte er die Zeichen nicht deuten. Er versuchte sich zwar einzureden, daß alles noch so war wie ehedem in Norton, doch er vermochte es selbst nicht recht zu glauben. Zudem strich Brucie ständig um ihn herum und bedrängte ihn, mehr über den Besuch des Bären zu erzählen und darüber, wie das Zelt umfiel. Seine Freunde Paul und Dave waren mit ihm einer Meinung, daß das ein Heidenspaß gewesen sein mußte.

Und dann trat Stefanie ins Zimmer. Sie hatte einen Spaziergang gemacht und trug ein kleines Buch bei sich, das Gerd seltsam bekannt vorkam. Ein Neues Testament...! Seine Augen wurden immer größer.

Ah – so liefen die Dinge also!

„Hei, Gerd!“ Ihr Gesicht glühte. Gerd antwortete zurückhaltend.

Dann rief ihre Mutter die Familie zu Tisch. Vater Carella trug auf, reichte die Platten herum und unterhielt sich dabei mit Gerd. Mutter klapperte ein wenig zu lange mit den Tassen. Steffi senkte kurz den Kopf und hatte dabei einen etwas schuldbewußten Gesichtsausdruck. Ihre Mutter ignorierte das zu Gerds Verwunderung einfach.

Also von daher blies der Wind – nicht zu glauben!

Später traf Gerd unten am Fluß mit Stefanie zusammen. An demselben Platz, wo sie eine Woche vorher ihr Gespräch hatten. Diesmal traf sie *ihn* dabei an, wie er traurig über den Fluß hin starrte.

„Möchtest du gern hören, wie es im Camp war?“ bot sie ihm freundlich an.

„Nicht unbedingt.“

„Rate mal: ich lernte jemanden kennen – jemanden, der auch dir nicht unbekannt ist.“ „Wen?“

„Du kommst nie darauf – Dirk Senden.“

Senden in einem Bibel-Camp? Gerd starrte sie ungläubig an.

„Wenn das wahr ist!“

„Ja, es ist wahr. Übrigens, sein richtiger Name ist gar nicht Senden. Er heißt in Wirklichkeit Dick Sikorski, und er ist Sammys Bruder. Stell dir das vor!“

„Ach! Dann stimmt es also doch“, entfuhr es Gerd. „Hat er das öffentlich zugegeben?“

„Mhm. Er erzählte, warum er fortgelaufen war. Es scheint, er gehörte einer Rabauken-Bande an, die geschnappt und verurteilt wurde, stand dann unter bedingter Strafaussetzung, brach aber sein Wort und ist nach Alaska getürmt.“

Das war also die Geschichte, wie Sammy seinen Heldenbruder verlor.

„Du hättest erleben sollen, wie offen er seine Fehler zugab“, fuhr Stefanie leise fort.

„Wo kam dieser Dick her?“ fragte Gerd. „Der Lagerleiter, Herr Dawson, hatte ihn mitgebracht. Und wir alle waren begeistert von ihm!“

„O weh! Ich wette, alle Mädchen fielen über ihn her, um

sein Autogramm zu bekommen. Und er gab an und ließ sich dazu herab . . ."

Steffi packte nun ihre zweite umwerfende Neuigkeit aus. „Dick sprach auch von dir, Gerd, und berichtete, daß du ihn gesucht und auch nicht aufgegeben hättest, obwohl er alles andere als freundlich zu dir gewesen sei. Und er erwähnte, daß er sich geniert habe, die Bibel Sammys von dir anzunehmen und wie er sie deshalb heimlich an sich genommen habe. Aber er hat die Bibel nicht nur mitgenommen, sondern auch gelesen. Und, Gerd, – Gott hat sein Leben umgewandelt."

Wenn das kein verrückter Zauber war! Zuerst verfolgte er Dirk Senden. Und nun, durch Steffi, verfolgte Dirk ihn.

Die Tage, die danach folgten, waren die unglücklichsten in Gerds Leben. Er konnte einfach nicht fertig werden mit dem Einbruch von Religion in seine bisher so heile Welt. So blieb er die meiste Zeit in seinem Zimmer und gab vor, daß er endlich anfangen müßte, einiges von dem zu lesen, was er bald in seiner Englischklasse durcharbeiten sollte. Doch er fand es nahezu unmöglich, sich zu konzentrieren. Seine Lektüre dünkte ihm ziemlich bedeutungsloses Zeug zu sein. Aber das schlimmste von allem waren die Nächte. Er wälzte sich im Bett herum und stand zwischendurch auf, dann wieder wurde er ungeduldig über Bruce, wenn der im Schlaf redete oder Schnarchtöne von sich gab. Ungeduldig auch über das verschwommene Sonnenlicht, das ihm lästig wurde. Dazu quälte ihn immer wieder die Frage: Warum um alles in der Welt hatte sich Mutter nicht Steffi von Anfang an entgegengestellt und ihr diesen Unsinn ausgetrieben? Vielleicht wäre damit dem Ganzen überhaupt Einhalt geboten gewesen!

Als er seine Schwester eines Tages allein traf, goß er seine miese Stimmung gehörig über sie aus. *Er* durchschaue sie – hielt er ihr vor – , wenn schon niemand anderer es könne. Er wüßte, warum sie solch ein zahmes Bruttäubchen für die Rawlsonsche Religion geworden sei. Sie wolle auf derselben Seite stehen wie der Heilige Stephan – weiter nichts! Ob sie das abstreiten könne. . .?

Einen langen Augenblick verdeckte ihr seidiges Haar ihr Gesicht. Gerd dachte: *Jetzt wird sie gleich platzen, nach dem, was ich ihr gesagt habe, muß sie es.*

Ihr Gesicht war hochrot, als sie den Kopf hob, aber sie schaute ihn ruhig an:„Es ist wahr: ich mag Steve gern. Ich hab' ihn wahrscheinlich lieber als jeden anderen Jungen, den ich kenne. Und – und – auf eine Weise hast du recht. Ich möchte gern so sein wie er. Gut und zuverlässig, weißt du. Aber ich hab' herausgefunden, daß niemand von Natur aus gut ist. Doch es gibt einen, der einem dazu helfen kann: Jesus, Gottes Sohn!"

Darauf wußte Gerd keine passende Antwort, drehte sich um und verließ abrupt den Raum.

Von da an machte er Steffi vorsätzlich das Leben schwer. Sogar seine Mutter wies ihn zurecht und ermahnte ihn, die Dinge nicht auf die Spitze zu treiben. So ginge das einfach nicht.

Er tröstete sich damit, daß Steffi das Theaterspielen bald leid sein würde. Er wußte, wie schnell die Stimmungen bei ihr umschlugen. Und sie gingen ja sowieso demnächst nach Fairbanks. Die paar Wochen konnte man noch überstehen. Bis dahin mußte man die Dinge eben laufenlassen, wie sie liefen. In Fairbanks würde sie bald neue Freunde haben. Bestimmt würde sie dann ihren jetzigen Schwarm bald vergessen. Er mußte nur für genügend Abwechslung sorgen.

Doch Gerd wußte auch, was seine Mutter nicht ahnen durfte: daß er nämlich gezwungen war, so zu handeln, wie er es tat. Er mußte seinen eigenen zerbröckelnden Willen abzustützen versuchen. Sammy, Stefanie, Steve – und nun auch Dirk Senden! Alle rangen sie mit ihm. Sie wurden ihm zu stark.

Es war eine harte Sache, der er sich da gegenübersah. Sein ganzes Leben lang war er gelehrt worden, daß es keinen Gott gab. Man lebte so anständig, wie man eben konnte, denn man mußte sich seine Selbstachtung bewahren. Und wenn man zugeben mußte, daß viel von der Anständigkeit nur eine äußere Hülle war, unter der eine Menge Gemeinheit Platz hatte – nun, was tat's? Niemand wußte es. Es ging niemand etwas an als nur einen selbst.

Nun sollte es plötzlich einen Jesus Christus geben, der lebte und regierte? Einen persönlichen Gott auch für ihn? Der half, wenn man ihn bat? Gerd versank in tiefes Nachsinnen über alles, was er seit Sammys Tod erlebt und erfahren hatte. Und tausend Fragen stürmten auf ihn ein.

Ein Gewittersturm wütete über dem Tanana-Tal in dieser Augustnacht. Diesmal gab es kein Licht, das Gerd in seinem Nachdenken hätte stören oder trösten können. Das Niederprasseln des Regens schien nur ein Flüstern im Vergleich zu dem zu sein, was in ihm vorging.

Als sich die Wolken am Sonntagmorgen endlich verzogen hatten und die Morgensonne allmählich durchbrach, beleuchteten ihre Strahlen ein ungewohntes Bild. Gerd kniete an seinem Bett. Als eine lange Zeit verstrichen war, erhob er sich und trat ans Fenster. Er sah hinaus. Gerd spürte die Ruhe eines tiefen Friedens. Der Sturm war vorüber. Die Angst vor Gott war weg. Die schwere Last war weggenommen.

Doch eine solch große Veränderung bedurfte weiteren Nachdenkens. Gerd meinte, daß er eine Weile mit sich allein sein sollte. Also ließ er eine kurze Notiz zurück, daß er auf eine Wanderung gegangen sei, packte einen leichten Rucksack und überquerte schon sehr früh den noch stillen Hof. Er wollte allein sein. Dann erinnerte er sich, daß für diesen Tag ein großes Gemeindetreffen geplant war. Ob er mit den Teilnehmern würde besprechen können, was mit ihm geschehen war? Sie würden ihm den Rücken stärken, und er würde Grund unter den Füßen gewinnen, was er gut brauchen konnte. Und siehe da, die Rawlson-Carella-Clique war gerade dabei, die „Ptarmigan“ klarzumachen, als er am Ufer anlangte.

„Hallo, Gerd!“ rief Steve. „Keine Lust, mit uns zu fahren?“

„Ist es dafür nicht schon zu spät?“

„Wir können noch ein paar Minuten warten. Keine besondere Kleidung nötig. Sauberes Hemd und lange Hose, das ist alles.“

„Okay. Das läßt sich machen.“

„Beeil dich aber!“ schrie Brucie ungeduldig hinter ihm her.

11. Das Zeugnis

Später erinnerte sich Gerd, daß seine Eltern nicht im Haus waren, als er sich rasch umzog. Wenn er sich überhaupt darüber Gedanken gemacht hatte, dann höchstens den, daß sie nach Fairbanks gefahren sein könnten, um sich dort einen Film anzusehen. Am wenigsten hätte er gedacht, daß sie bei der Gemeinde-Versammlung zugegen sein könnten. Und doch war dem so, wie er später merkte. Gerd schmeckte kaum etwas von den Hamburgern und Würstchen, den Pommes frites und der Eiskrem mit Waffeln, die nach dem Gottesdienst gereicht wurden. Während er zusah, wie die Funken von dem riesigen Freudenfeuer aufsprühten, focht er den heißesten Kampf seines Lebens aus. Sollte er öffentlich über seine Entscheidung sprechen – oder nicht? Er schwankte fortwährend hin und her. Es war ein qualvolles Unentschiedensein.

Er empfand es daher fast als Erleichterung, als der Jugendleiter eine kurze einführende Ansprache hielt und dann sagte, wenn jemand den Herrn Jesus Christus als seinen Erlöser und Herrn kennengelernt habe und es bekennen möchte – nun, jetzt sei Gelegenheit dazu. *Jetzt* – bevor sein Entschluß wieder ins Wanken geriet. Gerd stand auf. Sein Herz klopfte ihm bis zum Hals hinauf. Seine Knie zitterten. Seine Stimme bebte. (Ihm, dem glänzenden Klassensprecher!) Was er sagte, war deshalb alles andere als geschliffene Aussprache. Er bekannte einfach, daß er jetzt ein Christ sei, seit der vergangenen

Nacht. Und er habe den Wunsch, von nun an auch als Christ zu leben. Steffi war aufgestanden, kaum daß sich Gerd gesetzt hatte.

„Ist Gott nicht wunderbar?“ sagte sie. „Ich weiß nun gewiß, daß Gott Gebete erhört. Und – und ich werde weiterbeten.“

Sie lächelte Gerd zu, brach dann in Tränen aus. Auch andere wischten sich über die Augen und schneuzten sich vor Rührung und Mitgefühl. Dann zitierte der Jugendleiter einen Bibelvers und es schwang seine innere Bewegung mit, als er sprach: „Wer mich bekennt vor den Menschen, den werde ich auch bekennen vor meinem Vater, der im Himmel ist.“Gerd wagte über das Feuer hinwegzusehen – und begegnete zu seiner Überraschung dem Blick seiner Mutter. Ihr Gesicht hatte einen seltsamen Ausdruck – war irgendwie gelöst, wirkte heiter, zufrieden.

Mehrmals noch an diesem Abend trafen sich ihre Blicke. Jedesmal erhaschte er dabei den Schimmer eines Lächelns, das besagen konnte: Wir wissen, um die Schwere deiner Entscheidung und billigen sie!

Oder täuschte er sich? War es eher mitleidige Nachsicht mit einem übereilten Entschluß? Er war unsicher, unruhig, wußte die Anwesenheit der Eltern nicht recht zu deuten.

Es war ein seltsamer Augenblick für Gerd. Er kannte praktisch keinen dieser Menschen. Außer den Rawlsons natürlich. Aber das war auch schon alles. Warum sollten beinahe Fremde so viel Anteil an ihm und Steffi nehmen? Plötzlich wußte er es: *Wir gehören zusammen, ich zu ihnen und sie zu mir.*

Viele der Anwesenden drängten sich an ihn heran und drückten ihm die Hand. Auch Steffi ließ ihre Hand scheu in seine gleiten und drückte sie leicht. Einen Augenblick lang lehnte sie ihren Kopf an seine Schulter, während ihr die Tränen über die Wangen liefen.

Als sie später auf der „Ptarmigan" heimfuhren, wurde wenig gesprochen.

Aber Gerd dachte über alles, was er erlebt hatte, nach. Und immer wieder tauchte Mutters Lächeln in seiner Erinnerung auf. Was hatte sie ihm damit sagen wollen?

Weder Vater noch Mutter hatten sich in seiner Nähe gezeigt, nachdem die Feier zu Ende war. Sie waren in Eile aufgebrochen, und die Rawlsons als ihre Gastgeber gingen ebenfalls frühzeitig. Als sich die „Ptarmigan" ihrem heimatlichen Anlegeplatz näherte, hatte sich bereits die beginnende Augustdunkelheit eingestellt. Dennoch konnten sie zwei Gestalten an der Pier stehen sehen, die sie erwarteten. Herr und Frau Carella waren es nicht.

„Gerd – Stefanie, meine Lieben", sagte Frau Rawlson und umarmte sie freundlich. Diese Begrüßung brachte Gerd ein wenig aus der Fassung.

Sie dankten und verabschiedeten sich, stiegen die Anhöhe hinauf, gingen an dem Haus der Rawlsons vorbei und wanderten den Weg hinab, der zu ihrem Wohnhaus führte. Bruce schlurfte schweigend hinter ihnen her. Alle Lampen im Haus waren eingeschaltet. Ihre Mutter sei nach unten gegangen und sortiere die Wäsche für morgen, sagte Vater Carella. Sie wolle schon früh mit dem Waschen beginnen. Was ihn selbst beträfe, so sei er rechtschaffen müde. Es mache ihnen doch sicher nichts aus, wenn er sich gleich nach oben begebe?

Der Sturm, den sie erwartet und auf den sie sich gefaßt gemacht hatten, brach nie aus – weder da noch später. Etwas Unerwartetes geschah jedoch in Gerds Zimmer. Brucie schien an diesem Abend mit seinen Vorbereitungen fürs Zubettgehen überhaupt nicht fertig zu werden. Er schüttelte die Kissen auf, kratzte sich, rieb die Fußsohlen aneinander – doch Gerd hatte nicht besonders darauf geachtet. Ein Geräusch ließ Gerd den Kopf heben. Bruce stand vor ihm.

„Was denkst du – ob ich vielleicht doch nicht zu jung bin?" fragte er sehnsüchtig.

„Um ein Christ zu werden?" fragte Gerd überrascht. Zugleich fühlte er Zuneigung für seinen kleinen Bruder.

„Ich bin noch ziemlich neu darin, Junge. Aber das Beste, was ich weiß, will ich dir gern zeigen."

Die Nacht davor hatte er allein an seinem Bett gekniet. Nun waren sie zu zweit.

Als sie aufstanden, wischte sich Bruce schnell über die Augen, zuerst mit der einen, dann mit der anderen Faust.

„Junge!" flüsterte er. „Junge! Wenn ich das Dave und Paul erzähle. Die werden staunen. Ist doch prima, daß wir jetzt alle drei Christen sind."

Frau Carella trug dafür Sorge, daß sie miteinander allein waren, als sie Gerd gegenüber ihre Meinung äußerte. Das war ein paar Tage später. Bis dahin hatte sie eine unpersönliche Miene zur Schau getragen. Weder verärgert, noch freundlich. Ein wenig stiller als gewöhnlich. Auch nicht ganz so selbstbewußt in ihren Ansichten wie sonst.

Sie läßt es sich durch den Kopf gehen, dachte Gerd hoffnungsvoll, *Sie wartet ab, wie es sich auswirken wird.* Das stimmte zum Teil.

Dann mußte sie gesehen haben, wie er mit seinem Angelzeug das Haus verließ. Er hatte sich gerade eben erst an seinem Lieblingsplatz niedergelassen, als sie auch schon kam und sich auf einen großen Stein in seiner Nähe setzte. Die Masche von Steffi, dachte er.

„Ich habe mir das Ganze überlegt, Gerd“, begann sie ohne Zeit zu verlieren.

„Richtig?“ versuchte er mit einem neckischen Grinsen zu scherzen.

Er bemerkte keine Spur eines antwortenden Lächelns.

„... überlegt und bin zu einem oder zwei notwendigen Entschlüssen gekommen. Vielleicht ahnst du gar nicht, wie ich mich stets auf dich verlassen habe. Du wußtest, wofür du eintratst ...“

„Einen Moment, Mutter ...“

„Ein Felsen. Dafür habe ich dich immer angesehen. Dein Vater ist ein gutmütiger Mann, aber er läßt die Leute mit sich machen, was sie wollen. Du – du warst anders. Ich fühlte, daß ich dir vertrauen, mich auf dich stützen konnte ...“

„Aber Mutter ...“

„Wie ich schon sagte: ich fühlte, ich konnte deinem gesunden Menschenverstand vertrauen. In nahezu jeder Schwierigkeit. Nun, auf einmal hast du eine Kehrtwendung gemacht. Ich brauche dir wohl nicht zu sagen, wie sehr mich das enttäuscht.“

Stille trat ein. Gerd versuchte sich eine Verteidigung zurechtzulegen, aber es war schwierig zu wissen, an welchem Punkt er einhaken sollte. Er – ein Felsen? Alles andere als das! Gesunder Menschenverstand? Nun, wenn es doch gesunder Menschenverstand war, sich

selbst als den Mittelpunkt von allem zu betrachten . . .
„Ich bin nun zu einem Entschluß gekommen. Glaub mir, er ist mir nicht leicht gefallen. Aber du wirst dich erinnern – du mußt es – , daß ich sagte, ich würde es nicht dulden, wenn eins von meinen Kindern sich in einen eifernden ‚Zeugen' verwandeln würde. Doch du – du nahmst keine Rücksicht auf deines Vaters und meine Gefühle, du warst so unbekümmert, daß du es ausgerechnet in unserer Gegenwart tun mußtest, und hast uns damit nicht nur zu einem öffentlichen Schauspiel, sondern auch zum allgemeinen Gesprächsstoff gemacht."
„Ich war bekümmert", unterbrach er sie fast leidenschaftlich, „und zwar so sehr, daß ich beinahe geschwiegen hätte. Soviel nur zu deiner Bemerkung, ich sei ein Felsen. Ich war ein zitternder Feigling, und das ist die Wahrheit."
„Dann warum, um Gottes willen . . ."
„Um wessentwillen?" fragte er ruhig zurück und sah sie dabei an.
Das brachte sie in Verlegenheit und verschlimmerte die Sache wahrscheinlich, weil sie das zur Durchsetzung ihrer Entscheidung zwang. Später fragte er sich, ob es nicht doch vielleicht anders gekommen wäre, wenn er sie nicht so gereizt hätte. Doch dann war es zu spät.
Das Gesicht seiner Mutter wurde hart.
„Als ob das nicht schon genug wäre, kam heute morgen auch noch Bruce an und sagte mir, er sei jetzt auch ein Christ. Du hättest ihm dabei geholfen. Ich kann einfach nicht zulassen, daß diese Dinge in unserem Hause immer weiter um sich greifen."

Er lächelte. „Es ist nur noch Lorrie übrig – außer dir und Vater."

„Du wirst wohl gar noch frivol! Nun, ich will dir eine Woche Zeit geben, es dir zu überlegen. Wenn du als unser Sohn hier zu Hause bleiben willst, dann mußt du diesen Unsinn aufgeben. Mit Stefanie komme ich zurecht, dessen bin ich sicher. Aber mit euch beiden zusammen, wenn einer den anderen ermutigt und ihr euch gegenseitig in eurer Haltung bestärkt. . . Und es ist ja nicht so, daß du einen körperlichen Mangel leiden müßtest, falls du starrköpfig bleiben solltest. Mit deinem Stipendium wirst du sicherlich auskommen, schätze ich."

Sie hatte an alles gedacht.

„Ist Vater mit dir darin einig?"

Sie wurde rot, aber ihre Antwort kam ohne Zögern. „Er fand auch, daß es wahrscheinlich so am besten ist."

Der Fluß verschwamm vor seinen Augen. In seinen Ohren brauste es, und sein Herz schlug dumpf und schmerzlich. Das Elternhaus verlassen, wenn man es selber so wollte, ja. Aber hinausbefördert zu werden. . . *Hinausgeworfen. Verstoßen, genau das. Was für eine Mutter!* Dann wurde er ruhig.

„Ich brauche die Woche der Überlegung nicht, Mutter", sagte er, ohne sich zu bewegen. Er hatte seine Fassung wiedererlangt. „Die Zeit würde meine Antwort nicht ändern. Macht es dir etwas aus, wenn ich bei den Rawlsons bleibe, bis ich ein Zimmer in Fairbanks finde? Sie werden mich aufnehmen, denke ich. Aber falls es die Dinge für Steffi erschweren sollte – oder für Brucie – oder für dich . . ." Als er aufblickte, war er über den Ausdruck auf ihrem Gesicht verblüfft: es war derselbe

Ausdruck, den er an jenem Abend an ihr gesehen hatte. Dann lief sie vor ihm den Weg hinauf.
Gerd ging etwas langsamer. Er zögerte an der Haustür der Rawlsons, ehe er klopfte.
„Gerd! Wie nett! Ist etwas passiert?"
Herr Rawlson saß in der Eßecke und nippte an seinem Kaffee. Beide lauschten auf Gerds stockenden Bericht mit offensichtlicher Teilnahme.
„Ich dachte nicht . . ." Herr Rawlson rieb sich sein langes Kinn. „Ich dachte nicht, daß es so kommen würde. Es tut mir sehr leid. Mehr, als ich sagen kann."
„Setz dich, Gerd. Darf ich dir eine Tasse Kaffee eingießen? Oder Milch? Wir müssen darüber reden."
Beide hatten volles Verständnis und Mitgefühl für ihn – und das war tröstlich. Sie achteten darauf, nichts Nachteiliges über seine Eltern zu sagen. Aber keiner von ihnen schlug vor, was er erhofft hatte: eine vorübergehende Bleibe in ihrem Heim.
Als ob sie seine Gedanken lesen könnten, sagte Frau Rawlson: „Wir müssen auf deine Eltern Rücksicht nehmen. Wenn du hier bliebest, müßte das zu einer Trotzreaktion deiner Mutter führen, die niemandem nützen würde." Dann zu ihrem Mann gerichtet: „Was hältst du davon, Dave, wenn wir Steve mit Gerd gehen lassen, um eine Unterkunft für ihn zu suchen? Notfalls könnten sie fürs erste in einem Motel Unterschlupf suchen . . ."
„Gute Idee. Wen kennen wir in Fairbanks? Halt, ich hab's. Da war doch das nette Ehepaar, das wir beim letzten Jahresfest in Fairbanks kennengelernt haben."
Eine Anregung folgte der anderen. In ein paar Minuten

hatten sie eine ganze Liste mit Namen zusammengestellt. Gerd sollte sich bei der Telefonauskunft die Adressen erfragen. Man konnte natürlich nicht im voraus wissen, ob die Bekannten von Rawlsons auch vorbereitet waren, einen Pensionsgast aufzunehmen, und – wenn das der Fall wäre – ob sie nahe genug bei der Universität wohnten und also überhaupt in Frage kämen. Immerhin hatte Gerd schon einmal ein Ziel, auf das er zugehen konnte. Steve würde mit ihm zusammenbleiben, bis er untergebracht war.
Das Schwerste lag indessen noch vor ihm. Gerd schlug wieder den Weg zum Blockhaus ein. *Zum letztenmal.* Die Niedergeschlagenheit, die ihn bei diesem Gedanken überkam, war überraschend und verwunderlich, wenn er berücksichtigte, wie kurze Zeit sie erst hier lebten. Erst recht, wenn er bedachte, daß er auf seine Eltern ärgerlich gewesen war, weil sie ihn nicht gefragt hatten, ehe sie hierherzogen. Was dann, wenn sie nicht hierhergekommen wären? Was dann, wenn er den Rawlsons nie begegnet wäre?
Die Eingangstür hinter ihm öffnete sich und schloß sich dann wieder. Die Wohnzimmeruhr tickte überlaut in dem stillen Haus. Steffi, Brucie und Lorrie waren mit der „Ptarmigan" auf einen Ausflug zum Beerenpflücken gegangen, erinnerte er sich. Er hoffte, sich fortstehlen zu können, bevor sie zurückkamen. Ein tränennasser Abschied würde ihm den Rest geben. Sein Vater war ohne Zweifel bei seinen geliebten Kühen. Seine Mutter? Gerd hielt den Atem an und lauschte. Außer dem Geräusch, das die geschwätzige Uhr machte, war kein Ton zu hören.

Gerds Gedanken waren wie gelähmt. Er mußte sich zum Denken zwingen. Er fing an zu packen: Bücher, Kleidung, persönliche Dinge. Einiges davon war erst kürzlich aus den Kartons herausgeholt worden und mußten nun in diese zurückwandern. Als er fertig war, kritzelte er – mit schmerzlichen Gefühlen – eine kurze Notiz an Stefanie und auch an Bruce auf ein Stück Papier.

Als er ein paar Minuten später das Wohnzimmer durchquerte, erschrak er: seine Mutter saß bewegungslos am Fenster, halb verborgen von den Falten des Vorhangs, und blickte trostlos auf die ferne Gebirgskette.

Gerd zögerte. „Lebwohl, Mutter“, sagte er mit heiserer Stimme.

Sie hätte ebensogut aus Holz geschnitzt sein können – nach dem, wie sie reagierte. Als er zurückkam, um eine zweite Ladung zu holen, war der Stuhl leer. Die Tür zum Elternschlafzimmer war verschlossen, aber er hörte dahinter gedämpftes Schluchzen.

Dies erschütterte ihn, obgleich er wußte: es war kein Beweis, daß sie ihren Entschluß änderte. Es bewies aber, daß sie es tun müßte. Selbst daß sie litt, würde sie in ihrer Überzeugung bestärken, daß sie im Recht war.

„Lebwohl, Mutter“, flüstere er noch einmal und schritt aus dem Haus.

12. Ein Bruder ist gewonnen

Gerd Carella betrat die dunkle Eingangshalle und schloß die Haustür hinter sich. Unbeleuchtete Treppenstufen führten aufwärts. Sie knarrte unter seinen langsamen Tritten. Dies war keine fürstliche Unterkunft, aber es war die beste, die er erwischen konnte. Er öffnete die Tür zu seinem Zimmer und blieb mitten auf der Schwelle stehen. Jemand saß auf seinem Bett und wartete . . . Der Kopf des Mannes hob sich scharf gegen die untergehende Sonne ab.

„Papa." Gerd sagte es ruhig.

„Ja, Gerd, ich bin's. Ja, mein Junge!"

Ein wenig zögernd trat Gerd näher. Wie kam es zu diesem Besuch? Er wunderte sich. Auf die Frage, ob er schon irgendeinen Nebenverdienst gefunden habe, schüttelte Gerd nur den Kopf.

„Hast du keine Lust, wieder nach Hause zu kommen?"

„Hat sich denn daheim etwas geändert?"

„Nicht daß ich wüßte." Der Ausdruck in Herrn Carellas Augen war undeutbar.

„Na also", sagte Gerd matt und ließ damit das Thema fallen.

Herr Carella schüttelte verwundert den Kopf. „Macht das denn so viel aus? Nun, bei deiner Mutter muß das wohl eine Trotzreaktion sein. Ich sehe schon, du hast keine Ahnung, was ich meine. Sie spricht darüber nicht gern. Dein Großvater Hardy war Prediger. Da bist du erstaunt, was?"

„Mamas Vater?“ Es hörte sich wie ein Witz an, aber das Gesicht seines Vaters sah ganz und gar nicht nach Scherzen aus.
Vater Carella nickte. „Das ist vermutlich der Grund, warum sie so hart mit dir ist. Man sagt, daß Atheisten der ersten Generation es aus Überzeugung sind. Was mich betrifft, na ja, ich meine, daß es letzten Endes kaum einen Unterschied macht, was man glaubt oder nicht glaubt.“
„Oh – da irrst du dich aber, Papa“, begann Gerd mit einem plötzlichen Auflodern von Energie.
„Hör auf. Fang jetzt nicht an zu argumentieren. Ich hab' mich 'n bißchen einsam gefühlt. Das war's wohl.“ Sein freundlicher Blick brachte Gerd fast um seine Beherrschung. „Wie wär's, willst du mit mir essen gehen?“
„Ich werden dich zu einem Imbiß ausführen. Ich hab' sowieso noch kein Abendbrot gehabt. Ist mal eine Abwechslung. Sonst versorge ich mich selbst.“
Sie gingen auf die Suche nach einem Lokal. Gerd gab sich Mühe, ein Gespräch in Gang zu halten, aber die Entmutigung lastete so auf ihm, daß er sich wie in einem Schraubstock vorkam.
„Wo bist du mit deinen Gedanken?“ hörte er seinen Vater fragen.
„Bitte? Ach so ... Entschuldige, Papa. Ich – habe nachgedacht. . .“ „Ich hatte gefragt, ob du deinen Studienplan für das Wintersemester schon kennst.“
„Ja. Dekan Graham riet mir, im Hauptfach Geisteswissenschaften zu belegen.“
„Philosophie und so was?“ fragte Vater Carella.

Gerd grinste nun doch. „Nein. Das ist nichts für mich. Nein – Anglistik, Sprachen, Literatur und dergleichen mehr."
Er zwang sich danach, die Unterhaltung im Laufen zu halten, und so kamen sie doch irgendwie durch den Abend. Sie trennten sich an der Tür, und zum Schluß drückte ihm der Vater einige Banknoten in die Hand.
„Komm nach Hause, wenn du zur Vernunft gekommen bist", klang ihm die Stimme seines Vaters immer noch im Ohr, als er schon längst allein war. Am Montagmorgen erhielt Gerd schon sehr früh Besuch. Der feste Schritt eines Mannes war auf der Treppe zu hören, und gleich darauf ertönte ein kräftiges Klopfen. Die Schinkengabel in der einen Hand, öffnete Gerd die Tür.
„Dirk Senden!"
„Gerd!"
Sie grinsten und schüttelten einander die Hände.
„Darf ich reinkommen?"
„Oh, natürlich! Kommen Sie rein. O weh, der Schinken brennt an. Wie wär's, wollen Sie nicht mit mir frühstücken?"
„Ach ja, ich kann gut noch einmal frühstücken. Und scharf gebratenen Schinken esse ich besonders gern."
Dirk war aus einem bestimmten Grund gekommen, und er verlor wenig Zeit mit Erklärungen. Zuerst legte er Gerd kurz seine Pläne auseinander. Er würde bald auf eine Bibelschule gehen. Nun habe er aber in Fairbanks eine Wohnung, die er gern weiter behalten wolle. Zimmer waren schwer zu finden. Ob es Gerd etwas ausmachen würde, in diese Wohnung zu ziehen und die Hälfte der Miete zu übernehmen? Das wäre ungefähr

dasselbe, was er für diesen kleinen Raum hier zahlte. Noch etwas. Wenn er sich für einen Job auf dem Flugplatz interessiere, beispielsweise im Wartungsdienst, könne er ihm einen gutbezahlten Teilzeitjob verschaffen. Es würde sich wahrscheinlich einrichten lassen, daß er ihn auch während des Studiums beibehalten konnte.
Gerd war zwar nicht unbedingt darauf angewiesen. Das Stipendium würde ausreichen, wenn er sich sehr einschränkte. Aber er würde sich doch ziemlich knapp durchschlagen müssen, wenn er keine zusätzlichen Einnahmen hätte. Nun, hier tat sich eine Tür auf! Wie unauffällig und mühelos wirkte Gott, wenn seine Stunde gekommen war!
„Spar dir die Worte“, sagte Senden eilig, als er sah, wie die Dinge bei Gerd standen. „Ich werde nie imstande sein, dir zurückzuerstatten, was du für mich getan hast.“
Gerd ging mit ihm zu den Flugzeughallen hinaus, wo die Buschflugzeuge betreut wurden. Auf Dirks Empfehlung hin bekam Gerd den Posten.
Die Herbstmesse in Fairbanks mochte für viele Besucher eine großartige Sache sein. In Wahrheit aber unterschied sie sich natürlich kaum von den Messen an irgendeinem anderen Ort der Welt. Aber man tat besser, es niemand hören zu lassen, wenn man es schon dachte.
Wie Gerd Carella, der, statt die Wunder zu bestaunen, in der Nähe der Stände für Back- und Einmachgeräte herumstrich!
Er kam sich wie ein ausgemachter Narr vor. Warum hatte Steffi nicht einen anderen Treffpunkt gewählt? Er wartete schon eine geschlagene halbe Stunde.
„Da ist er“, hörte er Steves vertraute Stimme, noch ehe

er den hageren Jungen erblickte, der Steffi in seine Richtung dirigierte.
„Gerd! Gerd! Oh, Gerd!"
„Schön, dich zu sehen", sagte Steve nach einer kurzen Begrüßung. Er war keiner von denen, die viele Worte machten.
Steffi lächelte, aber ihre Augen sahen nach zurückhaltenden Tränen aus. Sie bahnten sich gemeinsam ihren Weg durch die Menge und hielten nach einer leeren Bank Ausschau, als sie auf einmal zorniges Rufen hinter sich hörten.
„Wartet auf mich! Wartet auf mich! Wartet auf mich!"
Sie drehten sich um. Was sie sahen, brachte sie augenblicklich zum Lachen. Bruce kam angekeucht, den Oberkörper weit zurückgelehnt, Arme und Hände beladen mit Tüten und Papptellern, aus denen Kartoffelchips, drei Hamburger und zwei geröstete Maiskolben hervorlugten. Unter den Armen hatte er eine Flasche Orangensaft geklemmt. Ein Abrutschen schien nahe bevorzustehen. Gerd sprang ihm zu Hilfe, um die kostbare Ladung zu retten.
„Na, du Hamsterer! Du denkst ja wirklich an alles. Wie ich sehe, willst du uns alle abfüttern."
Bruce seufzte: „Wenn es sein muß, *kann* ich auch was abgeben."
„Beruhige dich. Ich wollte dir nur einen kleinen Schrecken einjagen. Warte, ich werde gleich was für Steffi und mich holen, und dann können wir uns irgendwo niederlassen."
Es war ein fröhliches und zugleich ernstes Picknick, voll eifriger Fragen und Antworten.

„Erzähl doch mehr von diesem Job. Es hört sich phantastisch an.“
„Zuerst bist du dran. Wie geht‘s zu Hause?“
„Daheim?“ Stefanies Blick wurde ernst. „Es war – es war nicht immer leicht. Mutter läßt mich überhaupt nicht mehr zu Rawlsons . . .“
„Zur Sonntagsschule dürfen wir auch nicht . . .“, beklagte sich Bruce.
„Kein Bootfahren in der ‚Ptarmigan‘ mehr.“
„Ihr gebt doch deswegen nicht auf?“
„Du meinst, ein Christ zu sein? Nein, o nein! Du etwa?“
„Nein. Natürlich nicht.“
Dann hörte Gerd, wie Dirk zur Farm hinaus gekommen war, ihn hätte besuchen wollen. Als Dirk erfuhr, was geschehen war, gab er Frau Carella ein paar Dinge zu bedenken. Andere Mütter hätten Kummer, weil ihre Söhne drogensüchtig oder mit dem Gesetz in Konflikt geraten waren. *Ihr* Sohn jedoch sei fortgewiesen worden, weil er sich entschieden hätte, dem besten aller Führer zu folgen.
„Er war höflich – und auf eine Art zartfühlend. Aber er hat die Dinge bei ihrem richtigen Namen genannt.“
Vollgestopft mit Essen, lehnte Bruce an Gerds Schulter.
„Ich wünschte, du kämst wieder nach Hause.“
„Das würde ich auch gern Brucie. Und kann sein, eines Tages . . . Denn eines weiß ich: Gott arbeitet auch an Mutters Herzen.“
„Wir werden Christus weiter folgen Tag für Tag. Immer einen Schritt nach dem andern.“
Steffi lächelte verträumt. „Wir sind einen langen Weg gegangen – und es hat sich gelohnt, nicht wahr?“

Gerd dachte an Sammys Tod, der das alles in Gang setzte – an seine Suche nach Sammys Bruder – an so viele Dinge, die seitdem geschehen waren.
Dieser Alaska–Sommer war keine leichte Zeit gewesen. Trotzdem war es der beste Sommer seines Lebens.